中野雅至

日本資本主義の正体

GS
幻冬舎新書
370

はじめに

「どうしてこんなに一生懸命に働いているのに、私の給料は安いんでしょうか？」という質問をよく受けます。特に、肉体労働の関係者が多いのですが、この実感は極めて正しい。

あなた自身はどうでしょうか。自分の給料をどう評価していますか？　アベノミクスで景気回復と言われているにもかかわらず、どうも給料は上がっていない。そう思っている人が大半なはずです。

アベノミクスで株価上昇とマスコミは大騒ぎし、百貨店では高級品が売れている。同質性指向の高い日本社会では、あえてこういう状況には「そんなに景気が良いのか？」と疑問は差し挟みにくい。ただ、株価と自分の生活には何の関係もないというのが大半の人の本音でしょう。

給料が上がらないのは、あなたの働きが悪いからではありません。日本人の多くは働き者で、どこの国の人よりも真面目に働きます。怠けているから給料が少ないわけじゃありません。

給料の高い職業もあれば、低い職業もある。たまたま選んだ職業の給料が安かったのだという身も蓋もない意見もあるでしょう。

ただ、日本という国から給料の高い職業がどんどん少なくなっているとすれば、この議論も説得力がなくなってきます。実際問題として、あなたの身の回りで給料が増えている人などどれだけいるでしょうか？

国税庁の給与実態調査によると、平均給与のピークは平成9年の467万円で、それ以来ずっと給料は減り続けています。アベノミクスや大企業を中心とした賃上げもあって、直近の平成25年に関しては前年より5万6000円増えて413万6千円になっていますが、それでもピーク時にはほど遠いのが現状です。また、「本当に前年に比べて給料は上がっているの？」と疑問に思う人が多いのは、円安や消費増税で物価が上がっているからです。所得が少し増える一方で、物価がそれ以上に上がればカネの価値は目減りするだけです。月給が5000円上がったとしても、ラーメンが600円から800円に値上がりすれば何の意味もないわけです。

左の図は実質賃金（名目賃金を物価指数で割ったもの）の動きを示したものです。よく言われるように、消費増税や円安によって輸入物価が上がったことで物価高になった結果、実質賃金は下がり続けています。つまり、実際にはあなたは経済的に豊かになるどころか貧しくなっているのです。マスコミ、市場や企業を代弁している自称エコノミストが「株価が上がった」と喜んでいますが、庶民の生活は逆に苦しくなっているのが現状です。

実質賃金指数の推移(事業所規模5人以上)

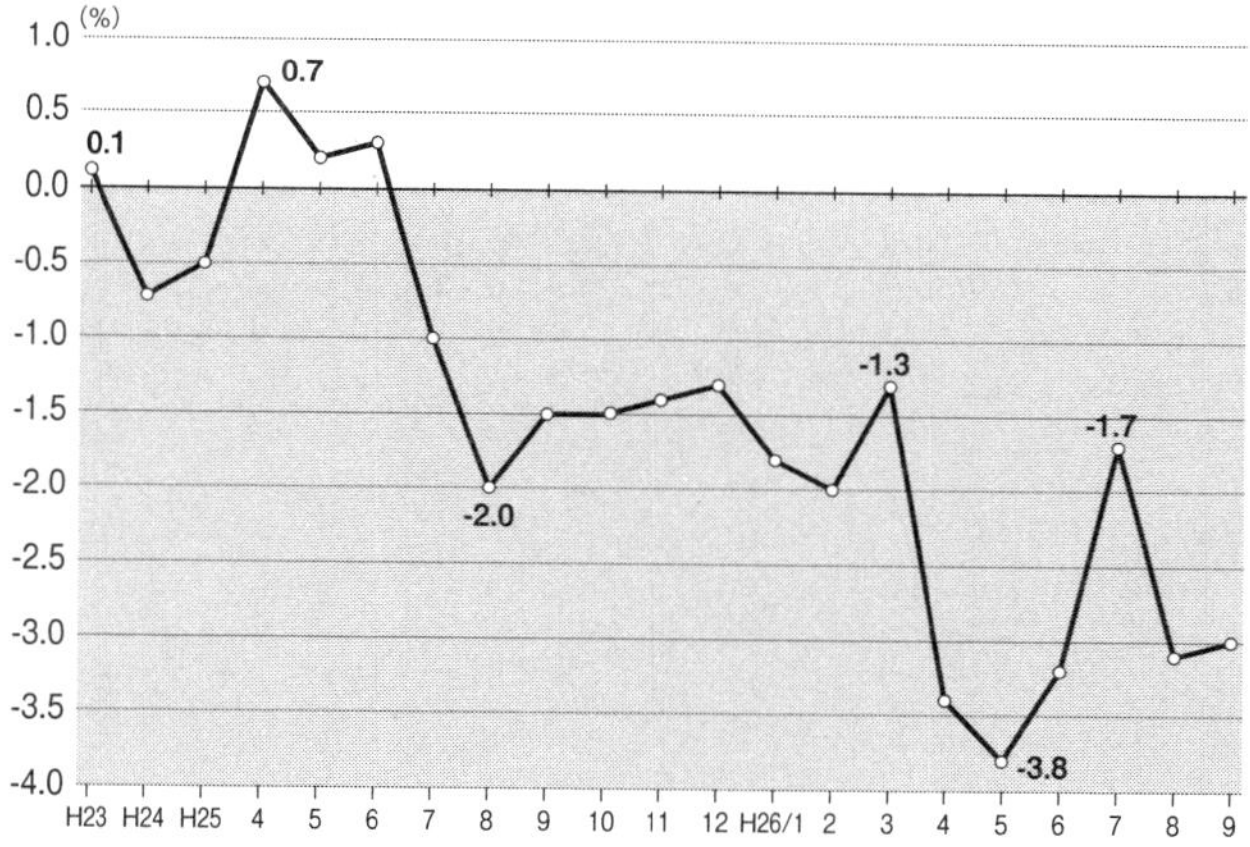

出典:厚生労働省「毎月勤労統計調査」に基づき作成

給料が増えない大きなカラクリ

給料が増えない大きな要因は、資本主義というシステムにあります。簡潔に言うと、労働者や労働力は単なる商品にすぎず、資本主義というシステムで生きている限り搾取されるのが宿命だからです。

コンビニチェーンの社長を例にあげます。企業のトップである社長は、おにぎりの値段、ラインナップを決める権利があります。それに置き換えると、あなたが経営者や株主(以下「資本家」と呼ぶ)に使われる立場である限り、あなたの労働力は商品であり、赤字が続けば人員を減らしたり給与を下げられることもあり得るということ。つまり、社員へ利益を還元するか、自分の懐へ入れるかは資本家次第ということです。

しかも、今の日本の資本主義は労働者が搾取されやすい構造になっています。労働者は搾取されるべくして搾取されている。そんな当たり前のことにさえ気づいていないだけなのです。

世間には様々な職業があります。もらっている給料もそれぞれですが、給料の高低は偶然ではなく、少ない給料にはそれなりの理由があります。決してあなたの努力が足りないのではなく、構造的な問題だということです。

まず、自分の給料が増えない本質的な理由を知るべきです。その理由を知らない限り、どんな努力も無駄になってしまいます。しかも、日本は欧米とは違った独特の資本主義ですから、そのことをしっかりと押さえる必要があります。

日本の資本主義は労働者を洗脳して搾取するシステムです。アメリカのように上位1％の人間が多くの富を搾取するわかりやすい強欲資本主義ではありません。そのため、誰が誰から搾取しているのかがわかりにくいのです。

実際、アメリカでは金融業や株取引で大儲けしている上位1％に対する「反ウォールストリートデモ」が起こっていますが、日本では富裕層に対するデモはありません。それどころか、昨今の大金持ちはメディアに頻繁に出てきて、国民大多数から支持されているくらいです。

なぜ、デモが起きないのか？　それは、日本の資本主義システムが複雑でわかりにくいからです。その謎解きをすることで、あなたの給料がなぜ増えないのかを解明するのが本書の目的です。本書を読んでもらえれば、給料が増えない理由がよくわかります。逆に言うと、それさえわかれば、どうすれば給料が増えるのかも見えてくるはずです。以下に、本書の進め方を少し説明しておきます。

第一章と第二章では、日本人の多くが生活に苦しんでいる現状を具体的な事例・データから確認します。例えば、生活保護を受けている世帯数は戦後最多を更新し続けていますが、それは怠けている人が増えているからではありません。生活保護受給者の大半は単身の高齢者で、欧米のようにモラルハザード（倫理・道徳が欠如していること）から生活保護に至るというケースはそう多くありません。

第三章では、資本主義システムの下では労働者は搾取される宿命であることを説明します。極端に言えば、資本家や経営者はあなたを15時間もこきつかったあげく、8時間分しか給料を支払っていない。15時間－8時間＝7時間分の給料をピンハネするのが資本主義です。勤労国民の日本人やマスコミは軽いノリで「サービス残業」と口走りますが、サービス残業こそ搾取の源です。

第四章では、世界的に話題になっているピケティの『21世紀の資本』をひもときながら、貧しい人がいる一方で大金持ちが誕生していることを説明します。ピケティは、資本主義国家は、今後金融資産を持つ者と持たざる者とで、より格差が拡大していくと述べています。給料が増えないのは、全体が貧しくなっているからではありません。こんな世の中でも儲けている人は存在します。

第五章と第六章では、日本の資本主義の現状を説明します。日本資本主義の三大矛盾である「不景気のどん詰まり」「搾取」「格差」がなぜ見えにくいのかを解き明かしていきます。一体、日本はどういう手段で資本主義の行き詰まりを打開しようとしているのか、なぜ搾取や格差は見えにくいのか、日本独特の資本主義の謎に迫ります。

第七章と第八章では、政府は停滞する資本主義にどう立ち向かおうとしているのか、我々の生活や労働条件を改善してくれるのか、をより精密に分析します。市場の分析はどうしても曖昧なものになりがちですが、政府の場合は「何をやるか」を公表していますので、リアルな分析ができます。

資本主義社会に対する見方・考え方を磨くことが何よりも重要

最後に、私自身の自己紹介をしておきます。私は平成2年に旧労働省に入省したキャリア官僚です。14年間勤めたあと公募で兵庫県立大学大学院に移り、現在は神戸学院大学に勤務しています。役所では労働政策を主に担当してきましたので、給料がどう決まるのかといった労働分野の話は私の専門です。それを生かして私なりに「日本資本主義」を論じてみたいと思います。

私が述べるのは、資本主義と日本の現状に対する見方・考え方です。社会科学の世界には絶対的なモデルなど存在しません。最も自然科学に近いと思われている経済学でさえ、「人間の本質は価格に反応することである」というのが大前提になっていて、それが嘘か誠かで未だに揺れているのです。そう考えると、社会科学の世界に専門家は存在するのか、ということ自体、非常に怪しいところがあります。

例えば、経済学を専門にしない人間が「デフレの○○」を書籍で発表すると、経済学的におかしいと学者やエコノミストは批判しますが、専門家自身は今の日本経済の現状をきちんと分析できているのでしょうか。現実に、予想屋のような自称エコノミストは四六時中予想をはずしているにもかかわらず、堂々とテレビのインタビューに答えています。彼らの主張が的はずれだからこそ、経済学者は経済政策を巡る論争を続けているのでしょう。

この20年間、無数の経済の本が出版されてきましたが、果たしてデフレの正体を突き止められた人はどれくらいいるのでしょうか。経済や社会など正確無比には分析できないのです。

経済学者やエコノミストは難しい数字や理論を並べ立てます。しかし、それはどうも信憑性に欠けるので、歴史を扱う書籍が売れる。つまり、過去の教訓＝経験則の方が信頼が高いということです。しかし、歴史の教訓とはいっても、歴史に絶対的な法則などありません。過去の特定時期と現在は類似しているというが、そのまま再現フィルムのように繰り返されるとは考えられない。そうなると、過去の偉人達の思想を学ぼうということになります。ネット上では、体系的な知識のないネトウヨ（ネット右翼）が生半可に思想や歴史で戯れています。

けれど、思想はどこまでも思想。宗教と同じで信じる者だけが救われるにすぎない。こうなると頼れるのは実践知ということになり、実際に社会活動している人の知識や経験に頼ろうとします。例えば、昨今は書籍の中味ではなく、著者のプロフィールで本を買う人が相当増えているというのもその一つでしょう。

本書を通じて知ってほしいことは、世の中を解釈するのは、あなた自身だということです。そのためには、独自の視点を持っておくことが重要です。私が本書で提示するのも一つの考え方で、「みんなに配分できるパイが少なくなれば、それだけ弱肉強食が強くなる」というのも資本主義に対する私の見解です。私としては、これを批判してもらい、あなた独自の考え方・見方を持ってもらえるのが望外の喜びです。

日本資本主義の正体／目次

第五章 日本資本主義の限界 131

図表作成　㈲美創

第一章 生活が楽でないという現状

人が金を求めるのは、物欲と不安を打ち消したいがためである

「給料が安い……」という嘆きが深刻なのは、それがお金だけに絡む話ではないからです。給料が安いと豊かな生活ができない、結婚もできない、将来を明るく見通すこともできないなど、何かと心が暗くなってくるからです。

少しお金に余裕があって、いつもより少し高い食事ができる、焼肉を食べることができる、それだけで人生は違って見えます。去年50歳になって少し老けたのでしょうか、私は少し豪勢な食事をするだけで不思議と力がわいてきます。

そこで、第一章では給料が増えないということを基点にして、

①「生きるのがしんどい」と感じてしまう「不幸のメカニズム」
②「なぜ給料が安いの？」と感じてしまう「心理のメカニズム」

という、二つのメカニズムを解明します。

ところで、離婚の原因は「性格の不一致」と言いますが、性格の不一致ほど曖昧な言葉はあ

りません。わずか数ヶ月でも付き合って結婚するわけですから、相手のことなどわかっているはずです。今更、性格の不一致なんておかしな話です。これはあくまで表面的な理由でしょう。

離婚の大きな要因は金です。夫の稼ぎが良ければ、妻の不満の多くは解消される。極論かもしれませんが、それほど金の効果は大きいのです。「年収1億円で浮気をする夫」と「年収200万円だけど真面目な夫」のどちらが良いかと言われれば、現実を直視する既婚女性の多くはおそらく前者を選択するはずです。

バブル経済崩壊後、ほとんどの人の給料は減り続けています。職業によってはワーキングプアというくらい、生活保護と変わらないギリギリの稼ぎしか得ることができない。

事実、タクシーの運転手などはそうです。ほとんどのドライバーが稼ぎの少なさを嘆いていますし、現実に若い人がドライバーにならない。私の見解では、関西では年金をもらいながらドライバーをやっている人がものすごく多い。

それでは、稼ぎ（給料）が少ないとなぜ不幸なのか。それは、金がないと自分の欲望を満たせない、不安を打ち消すことができないという二つの要因があるからです。この二つが不幸のメカニズムを生み出しているのです。

極論かもしれませんが、金がないことは不幸の最大の源なのです。実際、内閣府の「国民生

図1-1 様々なことがストレスの原因になっている

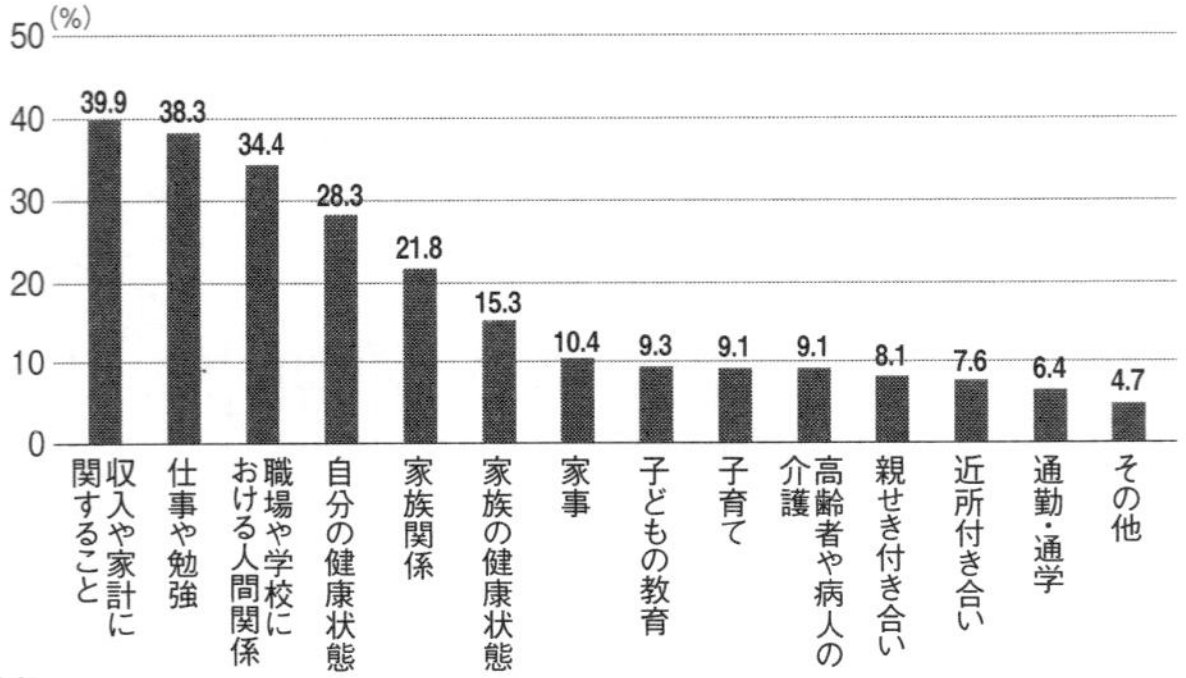

備考

1.内閣府「国民生活選好度調査」(2008年)により作成。

2.「あなたは日頃、ストレスを感じますか。(〇は1つ)」という問に、「とてもストレスを感じる」、「ややストレスを感じる」と答えた人に、「そのストレスの原因として、あてはまるものは何ですか。(あてはまるものすべてに〇)」と尋ね、回答した人の割合。

3.回答者は、全国の15歳以上80歳未満の男女2,393人。

出典:「国民生活白書」(平成20年版)

活白書」(平成20年版)によると、ストレスの第一の原因は「収入や家計に関すること」です。アンケート調査の対象が15歳以上80歳未満であるため「仕事や勉強」の悩みが多いのですが、それを入れても収入や家計に関する悩みが一番なのです。おそらく、家庭を持っている人の多くは収入で悩んでいるはずです(図1-1)。

また、図1-2、1-3を見てもわかるように、不況と自殺・精神の不調・DVなどは顕著に関連しています。自殺は失業率と強い関連を持ち、失業率が上がれば自殺率が上がるというようにグラフは同じ傾向を描いているのです。

金はそれほど重要だということです。金のためなら友人をはめることとなんて何とも思わ

図1-2 失業率、自殺率、一般刑法犯発生率の推移

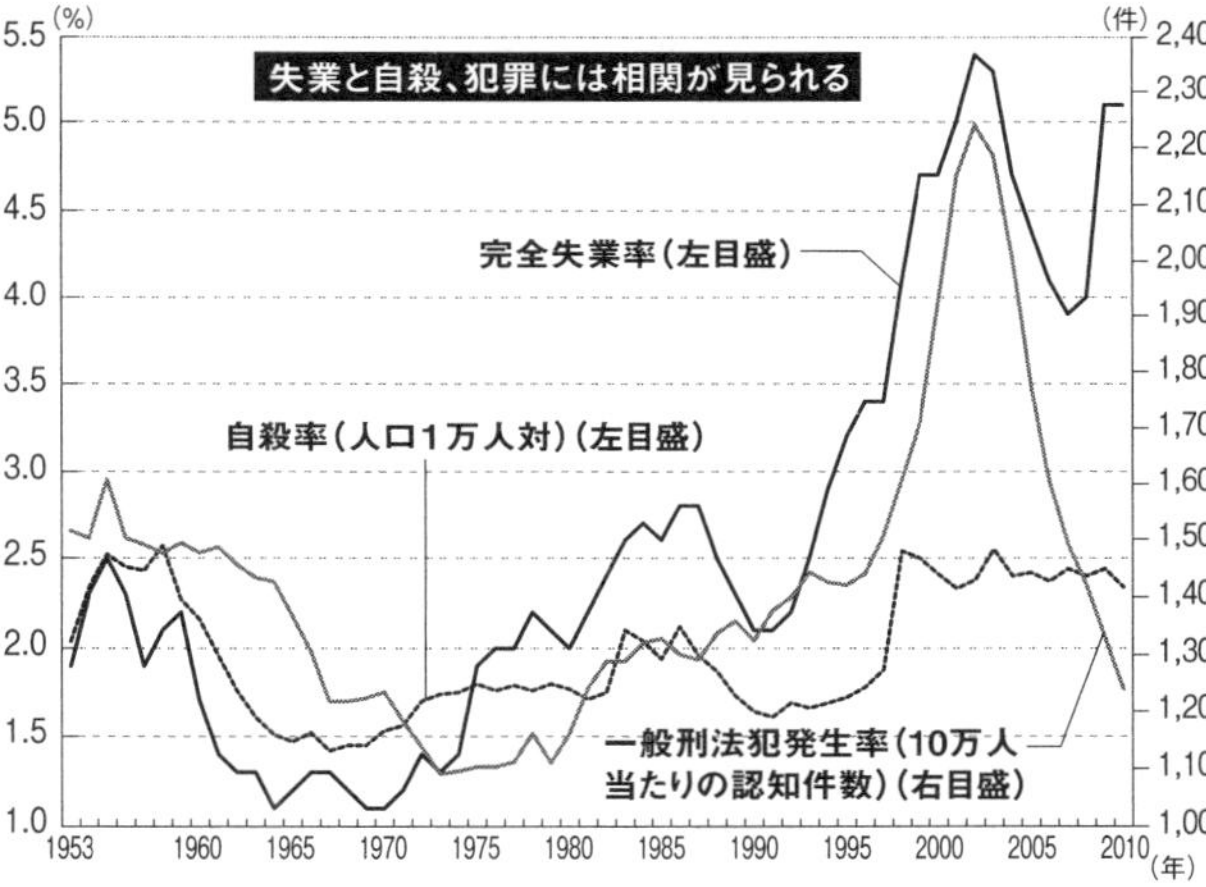

出典:「労働経済白書」(平成24年版)

図1-3 自殺者・児童虐待・DV・精神の不調患者の数値

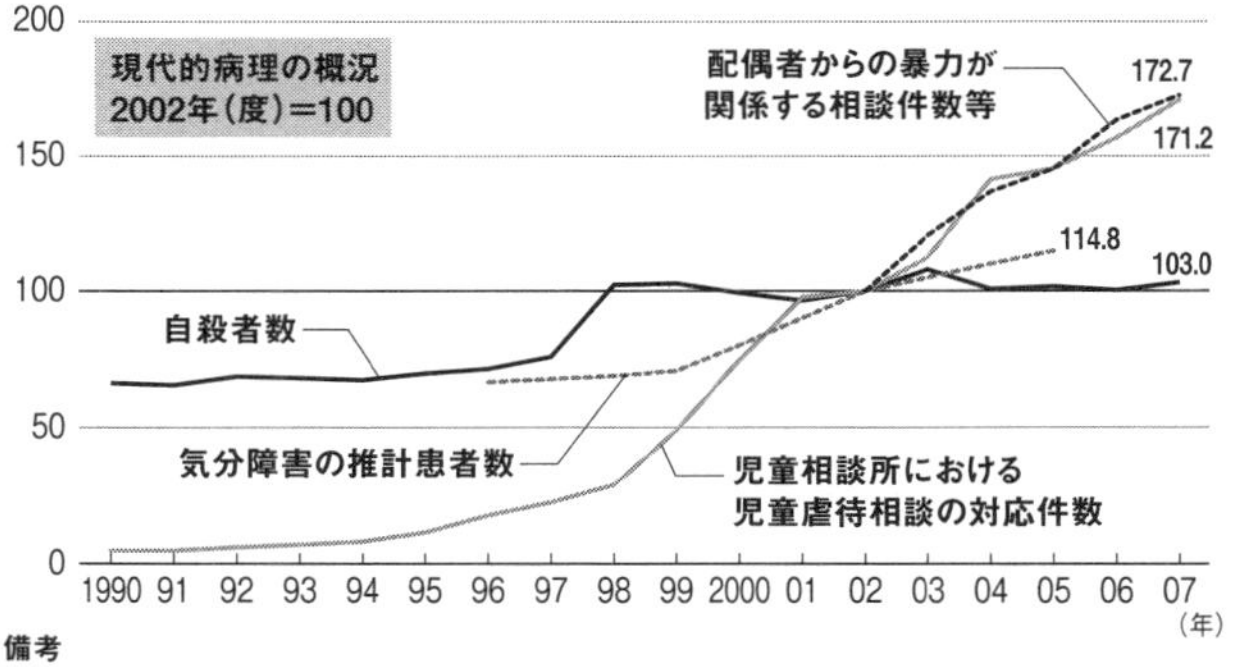

備考

1.内閣府「配偶者暴力相談支援センターにおける配偶者からの暴力が関係する相談件数等について」、厚生労働省「患者調査」、警察庁「平成19年中における自殺の概要資料」(2008年)、厚生労働省「社会福祉行政業務報告」(福祉行政報告例)により作成。
2.配偶者からの暴力が関係する相談件数等については年度、自殺者数、児童相談所における児童虐待相談の対応件数、気分障害の推計患者数は年で集計。
3.数値は、2002年の各項目の数値を100として指数化したもの。

出典:「国民生活白書」(平成20年版)

ず、保険金殺人などは親族でさえ巻き込みます。こうも金を欲するのは、物欲と不安からくるのです。

経済的に豊かでない限り、物欲は消えない

生まれつき物欲が希薄な人はいるでしょう。高級品なんかに興味がないという人もいるかと思います。しかし、物欲が希薄な人など稀です。もっと現実的な表現をすれば、車は欲しくなくても洋服は欲しい。洋服は欲しくなくてもバッグは欲しい。綺麗な家に住めれば文句はない。とにかく対象が違うだけで物欲が皆無の人など滅多にいません。

物欲の怖いところは、自分の財力では届きそうにない高いモノすら欲しくなることと、際限がないことです。ブランド物を例にあげると、最もわかりやすいでしょう。素材の良さだけであんなに高い値段がつくはずがないにもかかわらず、人はブランド物を欲しがります。これを説明するのに難しい消費論や社会学を使う必要などはなく、ステータスの象徴が欲しいという人間の性《さが》にすぎません。また、どれだけ買っても、新しいモデルが出たら買いたくなるのも性。欲望には際限がないのです。

それではどうすれば物欲は消えるのか？　人間というのはどうしようもないもので、俗世間

的な欲望というものは実現されてはじめて消えるものです。物欲も似ていて、欲しかったものが手に入ると満足感で気分がすっきりしますよね。

つまり、貧乏で給料が安いとぼやいている限り、欲望が満たされることはない。悲しいことに物欲は消えないのです。逆に、ある程度のお金を稼いで一通りの贅沢をすると物欲は消えていきます。金持ちに限って贅沢しない人が多いのは、そういう理由からです。お金持ちほど欲がないのは、際限ない欲望スパイラルを通り過ぎて、金で買えるものと買えないものを知って物欲が解消されただけです。

アメリカでも日本でも、金持ちが急に寄付をするようになったり、社会貢献するための財団を立ち上げたりする行動もそうです。断言すると叱られそうですが、金持ちが利他的で社会貢献を目指すようになるのは、もはや物欲を満たすという目標がなくなり、急に虚しさを覚えるからです。その一方で、金持ちが強欲に見えてしまうのは、名誉欲や社会からの認知を求めるようになるからです。物欲が満たされて虚しさを感じると、勲章が欲しくなるのがその典型で、社会的に認知されたくなるのですね。

セイフティーネットなしの「底抜け社会」と「無縁社会」

お金は不安を打ち消してくれます。図1-4は高齢者がいかに貯蓄しているかを見たもので

図1-4　貯蓄現在高階級別世帯分布

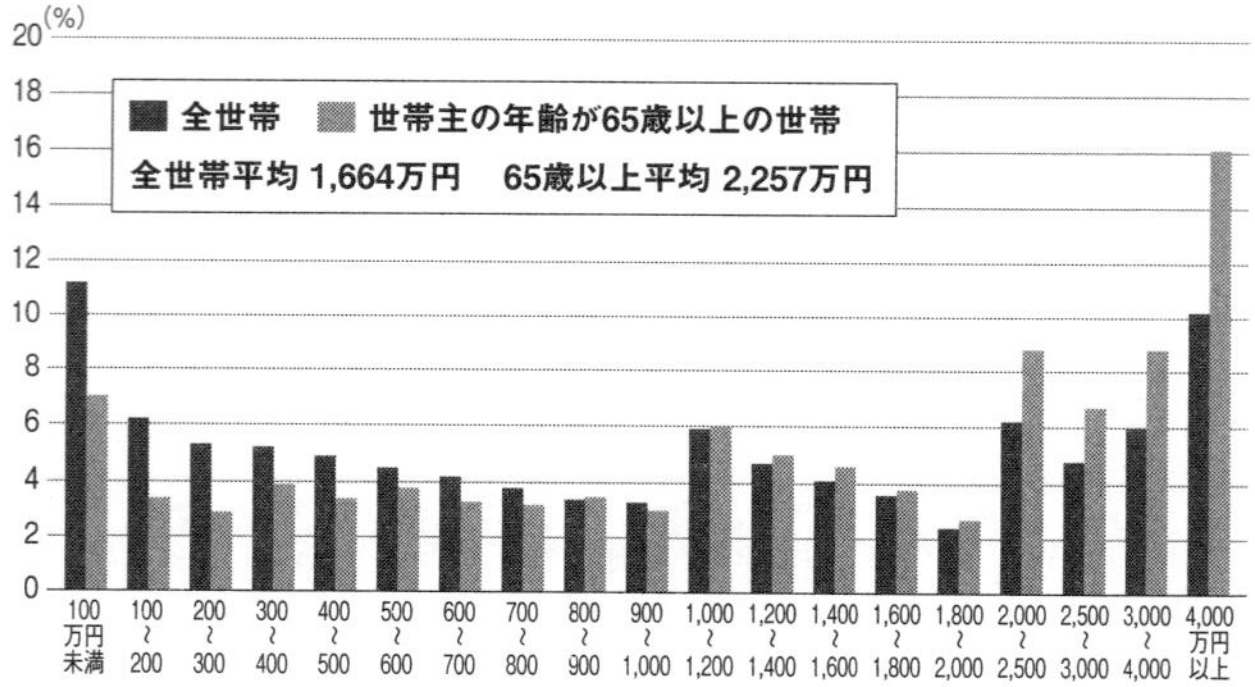

資料：総務省「家計調査（二人以上世帯）」（平成23年）
（注1）単身世帯は対象外
（注2）ゆうちょ銀行、郵便貯金・簡易生命保険管理機構（旧日本郵政公社）、銀行、その他の金融機関への預貯金、生命保険の掛金、株式・債券・投資信託・金銭信託などの有価証券と社内預金などの金融機関外への貯蓄の合計

出典：「国民生活白書」（平成20年版）

すが、4000万円以上貯蓄している世帯は65歳以上が圧倒的に多いことがわかります。もはや使い道がない老後にもかかわらず、高齢者がお金を貯めようとするのは不安が大きいためです。病気になったら、介護が必要になったら……と考えて、お金を貯め込むのです。「地獄の沙汰も金次第」という考えが浸透している何よりの証し。

現実問題として、お金で命を買うことは可能です。がんなどの難病にかかり、保険治療を一通り受けた上で、それでも納得がいかない時、保険のきかない先端治療を受けるためにはお金が必要です。あるいは、ホテルのような病院で治療を受けたいのであれば、特別のベッド料金を支払わないといけません。日本は医療保険が整っていますので、国民すべてが同じ医療を受けられます。しかし、医療保険のないアメリカでは治療費は自費。お金さえあれば助かる命があることを痛感します。

どうして不安を感じるのでしょうか？　不安を感じる最大の要因は、政府のセイフティーネットが薄いことです。北欧諸国のように、税負担は重いが「揺りかごから墓場まで」の社会保障が整備されていれば、誰も不安を感じません。年金や医療だけでなく、教育から住宅まで政府が面倒を見てくれるのであれば、不必要な貯金はしません。

しかし、日本ではそうはいきません。特に、現役世代の方が不安が大きい。高齢者の場合、保険料さえきちんと支払っていれば、それなりに充実した年金額を得ることができます。

それに対して、現役世代は大変です。なぜなら、日本の社会保障は著しく高齢者に偏っていて、教育や職業訓練など現役世代向けのセイフティーネットが薄いからです。なんと、年金だけで社会保障の給付の半分を占めているのです。そして、その次に大きいのが医療です。この両者を合わせると80％くらいになります。

厚生労働省の「国民生活基礎調査」（平成25年）では、子供のいる世代の方が「生活が苦しい」と感じている世帯が多いというデータが出ています。「生活が苦しい」（大変苦しい＋やや苦しい）人の割合を見ると、高齢者世帯は54・3％、子供のいる世帯は66・0％となっています。

本来は収入を得られない高齢者世帯の方が苦しいはずなのですが、日本では逆です。子育てに関連した費用、教育費、住宅などは自己負担となるので、どうしても現役世代にしわ寄せがいきます。

人とのつながりすら金で買える世の中に

日本人が不安を感じるもう一つの大きな要因は、地域や組織を通じた人と人との助け合いや連帯などが希薄になっていることです。自分が病気になったとしても、家族だけでなく親戚、場合によっては地域全体が支えるといったシステムがあれば、それほど人は不安を感じません。

他人に依存できるか、他人を信用できるかどうかは、その社会の性格を知るに当たって非常に重要な尺度です。信頼性の高い社会であれば、それだけ自分を委ねられるわけですから、日々リラックスして過ごすことができます。しかし、日本ではそういう連帯感や信頼感のようなものが年々薄れていっています。今や「無縁社会」という言葉に代表されるように、人と人のつながりは極限まで薄くなっているような気がします。

その一方で、人と人のつながりや心さえ金で買えるような世の中になりつつあります。日本ではまだ本格化していませんが、アメリカではカウンセリングはビジネスです。悩みを持つ人の話を心理学者やカウンセラーがひたすら聞く。悩みを聞いてもらうことで心を分析したり、ストレスの解消につながる。こういう心の隙間を埋めるビジネスは間違いなく、日本でもこれから流行るはずです。

レンタルフレンドも類似した話です。もはや友達さえお金で買う時代なのです。合コンのセッティングをする会社だって存在します。自分のコネを使って自力で合コンをセッティングするのではなく、金を払って会社に依頼する。現代日本においては、心のつながりでさえ金で買えるようになっているのです。だからこそ、皮肉にも金がないとますます不安を感じるわけです。しかも、心の隙間を埋めるビジネスは非常に高級なビジネスであって、誰でも利用できるわけではない。だからこそ、これを買う金がないと余計に不安になってしまうのです。

金の比重が大きく変動している

金で買えるモノが増えているからこそ、ますます金がないと不安になってくるという皮肉。それを一層際立たせるのが、金の比重が大きく変動したことです。つまり、金の持つ価値が大きくなっているということです。

私はアメリカに2年間住んでいましたが、移民社会のアメリカでは「金を稼いだ人間が一番偉い」という価値観が浸透しており、いくら稼ぐかが価値尺度でした。その考え方は、様々な世界から人が集まる実力社会というところからきているのだと思います。

実力を計るためには何が一番適切か。それは、どんな力を使ってもいいから、どれだけ稼げるかに尽きます。金を稼ぐためにはすべての能力を使わなければいけません。まさに総合力が問われるわけですから、これだけわかりやすい能力の尺度はないでしょう。学力テストなど、しょせん人間の能力のごく一部を計るにすぎません。しかも、ノーベル賞級の発明ならいざ知らず、たかだか学力テストの点が良いからといって今後の人生を豊かにできるわけでもありません。

それに対して、日本では必ずしも金がすべての価値尺度ではありません。金だけでなく、学歴や職業の社会的地位の方が大きな比重を占めます。東大卒はそれだけで大きな価値を持ちますし、医者や裁判官は尊敬されます。それに対して、中卒で叩き上げて大金持ちになっても「成金」などと言われたりします。

日本というのは実に良くできた社会です。東大卒の財務省キャリア官僚は、学歴と社会的地位はあるが金はない。中卒のワンマン社長は金はあるが学歴と社会的地位がない。金・学歴・社会的地位が三拍子揃った人が少ないのが日本です。ある意味でものすごく平等にでき上がった社会と言えます。

しかし、日本も変わりつつあって、考え方は徐々にアメリカに近づいています。理由は、金の比重が確実に上がっているからです。学歴は未だに重要ではありますが、東大をはじめとした超一流大学卒のブランド価値は落ちています。なぜなら、一流大卒↓一流企業というキャリアが必ずしも安泰ではなくなったからです。

東大卒でも中高年でリストラされればタダの人。学歴は一流企業や中央官庁の安定した職業に結びつくからこそ、大きな意味があったのです。それがなければ学歴など大きな意味を持ちません。

また、職業の社会的地位も同様です。裁判官や医者でさえ不祥事を起こす世の中で、もはや日本には聖域と見なされるような職業などありません。東京地検の不祥事などもあって、最後の聖域だった検察・検事でさえ万全の尊敬を得られなくなっています。

大衆民主主義と資本主義がより高度に発達した結果、すべての職業のベールは取り除かれ、実力次第の金社会が到来したというわけです。アメリカに比べるとましですが、日本も金優位の強欲資本主義に向かっています。

金があると実力のある偉い人間と見なされる。その一方で、金がないと実力のない人間だと見なされる。こういう価値観が強まっているからこそ、金のない不安は増幅されていくわけです。

図1-5　給与額の推移

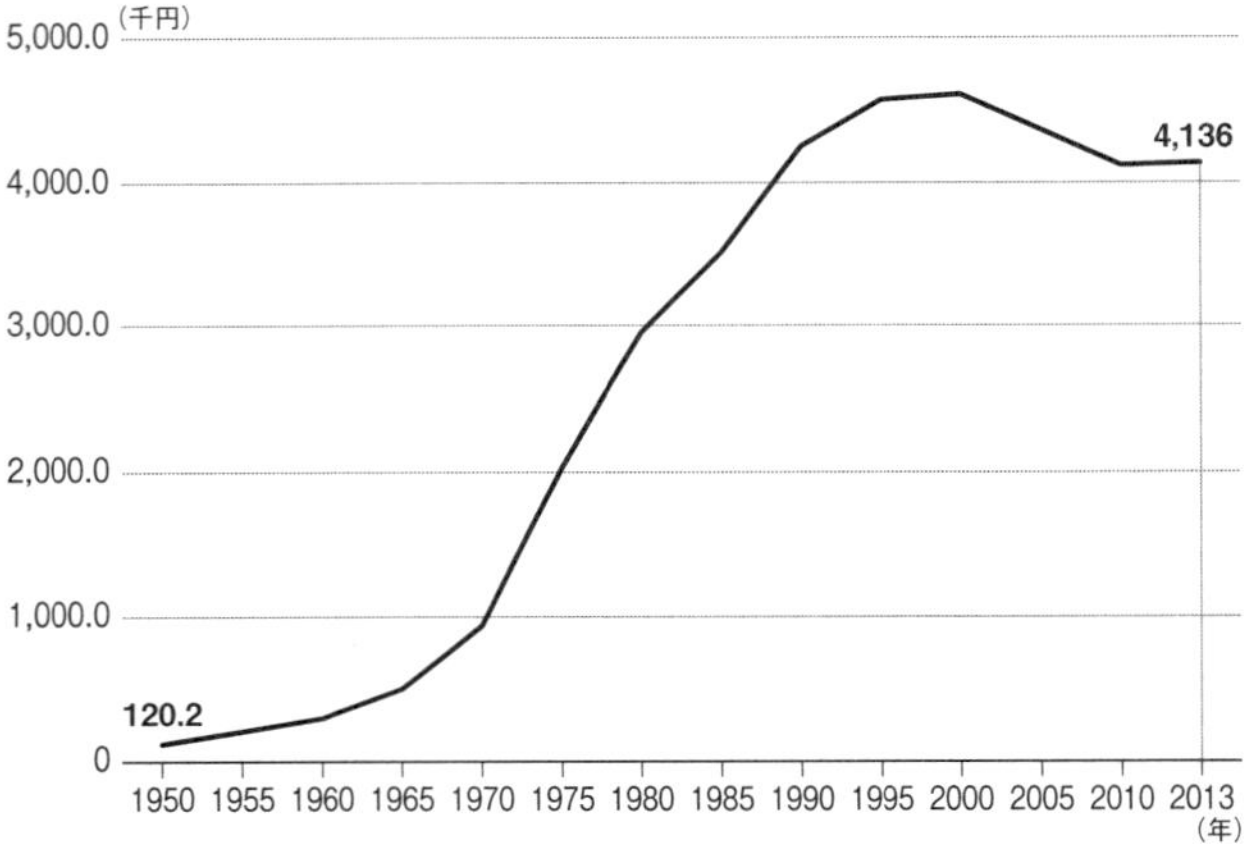

出典：国税庁「民間給与実態調査」に基づき筆者がグラフを作成

収入が低いと感じるのは、心理メカニズムが働いているから

収入が少ないと不幸なのは、欲望と不安をコントロールできないからだということを見てきました。それを踏まえて次の疑問に移りましょう。

なぜ、あなたは自分の給料を安いと感じてしまうのでしょうか？　給料でも何でもお金はすべて相対的なものです。他人と比べての高低、お金でどういう製品が買えるかが重要なのであって、絶対額が重要なわけではありません。ある日突然、日本にハイパーインフレが起こってキャベツ1個＝1000円になれば、月給が300万円に上がったとしても何の意味もありません。キャベツ1個＝200円で月給20万円の方がましでしょう。収入

図1-6　生活意識別に見た世帯数の構成割合の年次推移

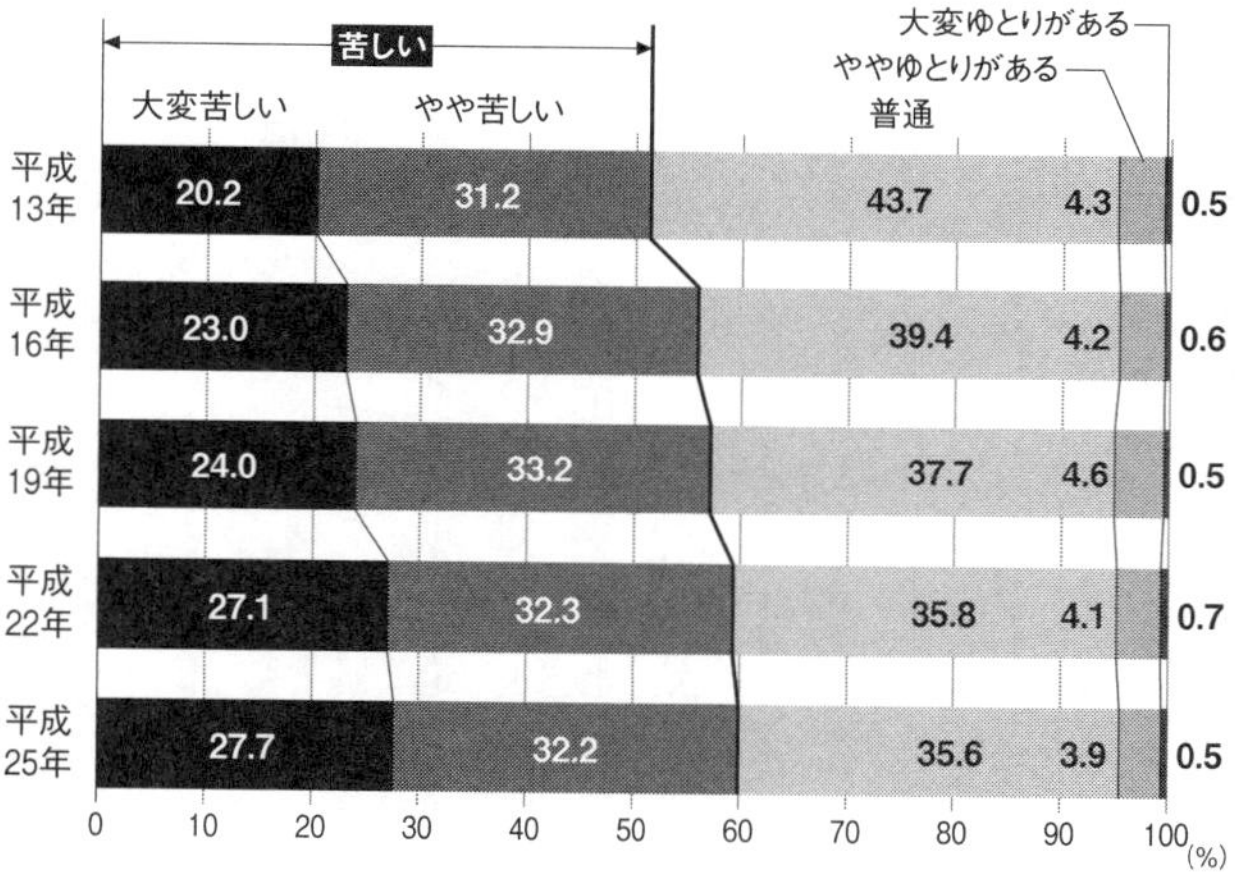

出典：「国民生活基礎調査」（平成25年版）

が少ないと感じるのは、どこかに「比較」「相対」という概念があるからです。つまり、何かを基準にして稼ぎの高低を判断する心理メカニズムが働いているのです。

ここで、実際にサラリーマンの収入が減っていることを改めて確認しておきましょう。図1-5は国税庁の「民間給与実態調査」をグラフ化したものです。年収ベースの数字ですが、バブル経済崩壊後、給料がなだらかに下がり続けていることがわかります。おそらく、多くの人がそれを実感しているはずです。

「税込み」と「手取り」のギャップは年々拡大している！

少し違った角度からのデータでも確認しておきましょう。図1-6は、厚生労働省の

「国民生活基礎調査」で生活が「苦しい」「普通」「ゆとりがある」と感じている人の割合を示したものです。年々、生活が苦しいと答える人の比重が大きくなっています。

収入の高低については、さらに重要なことがあります。キーワードは「可処分所得」です。「可処分所得」とは、税金や社会保険料をすべて引いた上で、実際の生活に使える額です。

可処分所得を目安にすると、給料の高低も様々な角度から見ることができます。すべての人に当てはまるのは、少子高齢化が進むことで社会保険料や税金の負担が増えているということ。その結果、すべての人の可処分所得は減っています。わかりやすく言えば、「税込み」と「手取り」のギャップが拡大しているわけです。

これは、既婚女性、とりわけ専業主婦などは特に感じていることだと思います。稼ぐことだけがアイデンティティの亭主は給料袋を放り投げて、妻や子供に自分の税込み収入の多さを自慢します。「今月の給料は50万円だ」と。それに対して現実的でお金にシビアな奥さんは「お父さん、それは税込みでしょ。税金と社会保険料が引かれれば、お父さんの手取り収入は35万円じゃない。あーあ、今月もやりくりが大変だわ」と釘をさす。

ここで見落としがちなのは社会保険料です。税金が高いと言いますが、一般のサラリーマンはそれほど所得税を支払っていません。現在、所得税の最高税率は45%ですが、そんなに高い税率がかかるのは所得が4000万円以上の人です。金融業で大儲けしているビジネスマンなどを除き、一般のサラリーマンが支払っている所得税はそれほどでもないはずです。年金・医療保険などの社会保険料の支払い額の方がはるかに大きいでしょう。

給与の高低を計る四つの要素

収入が低いと感じるのは、主に物価、勤務時間、格差社会、生涯所得の四つと比較しているからです。「隣の芝生は青い」というのと同じ原理です。人間は何かと比較して物事を判断しますが、特にお金にはそれが当てはまります。

①物価

バブル経済崩壊後、給料は増えないかわりに、デフレで物価は下がっています。そのため「稼ぎは減っていない」と感じてもいいはずですが、そう解釈している人は少ないはずです。

というのも、デフレと聞くと急激に物価が下がるようなイメージがありますが、実際には、なだらかに下がっているだけで、急激な価格変動が起きていないからです。しかも、すべての物価が下がっているわけではありません。牛丼やハンバーガーは安くなったかもしれませんが、ブランド物は相変わらず高いのがいい例です。そのため、減り続ける給料で買えるものには限界があります。特に、次から次へと繰り出される高級家電製品に対するストレスは相当なものです。お掃除ロボは便利だと思いますが、気軽に購入できない金額です。

②勤務時間

日本人は働き過ぎだと言われていて、過労死するくらい働くのは欧米人には理解しがたいようです。しかも、それだけ働いているにもかかわらず、給料が増えないというのは致命的です。いくら働くのが好きだといっても、労働の見返りがなければ働きがいがありません。プライベートを犠牲にしているのに、支払った犠牲と得ている対価が見合っていなければ、誰でも自分の給料は高くないと感じます。長時間残業する正社員サラリーマンが「正社員は恵まれている」と言われる時の反論は「時給換算すると、俺達の給料はアルバイトよりはるかに安い」です。こういうセリフを身近で聞いたことのある人は多いのではないでしょうか。

なお、働いた分に見合わないという主張が強まっているのは、公務員への風当たりの強さから推測できます。かつて公務員は、安定しているが給料は高くないと言われました。それで民間企業に勤めるサラリーマンの給料とバランスがとれていたのです。

しかし、バブル経済崩壊後、民間企業の給料が下がったため、公務員の給料が割高になりました。その結果、公務員は安定していると同時に給料も高い職業となり、世間からバッシングされるようになりましたが、その時の批判は、「公務員のような楽な仕事と営業のような神経を使う仕事の対価がなぜ同じなんだ」というものでした。

③格差社会

給料が減っている人が増加しているにもかかわらず、膨大な富を手にする人が出現するようになりました。バブル経済崩壊後の20年間、不況ではあるものの、規制緩和や産業構造などが大きく変化したことから、ソフトバンクの孫正義氏、楽天の三木谷浩史氏のような一代で財を築く大金持ちがたくさん現れました。こういう成功者を見て、「どうして自分の給料は安いのか」と思うのは自然なことです。

また、より身近なところで言えば、成果主義の導入と非正社員の増加も大きな要因です。成果主義が導入されることで、できるビジネスマンの給料は増えました。その一方で、ボーナスもなければ福利厚生もない非正社員が増えました。こうなってくると、どうしても誰かと稼ぎを比べたくなるのは世の常でしょう。

④生涯所得

生涯所得がどれくらいになるかの見通しは、今と昔では変化しています。かつてのサラリーマンは、給料が増えなくてもそんなに不満はなかった。それは将来が安定していて、相応の収入を得ることが保証されていたからです。高度経済成長時代は「坂の上の雲」がはっきり見えていました。明日は必ず良くなるのであれば、今の給料が少なくても誰も文句を言いません。

それに対して、今現在のサラリーマンが自分の給料に不満を感じるのは、「将来リストラされるんじゃないか、給料を減らされるんじゃないか」という危機感があるからです。将来が明るいと思っているサラリーマンはごく少数です。生涯所得という観点から見ると、今のサラリーマンは昔と比べて不安を感じているわけです。

会社の存続すらも危ういという危機感が浸透し始めた

生涯所得などの将来見通しは最も重要なので、もう少し話を続けましょう。内閣府は「国民生活に関する世論調査」で、今後の生活見通しについて国民の意識調査の結果を発表しています。

今後、生活は「良くなると思うか」「現状維持か」「悪くなるか」の三つで、バブル経済の崩壊がジワリジワリと始まる1990年代に入って「生活は悪くなる」という見通しを持つ人が増え出す一方で、「良くなる」と考える人は減っていきます。それ以降、ワニの口のように両者の差は開いたままになっています。

将来をどう捉えるかは非常に大きな要素です。たとえ現在の給料が安くて生活が苦しくても、将来は大金持ちになれるかもしれない、来年はきっと今年より良いはずだと思えるのであれば、人は誰も苦しさなど感じないからです。将来的に受け取ることができると予想するのであれば、安いとは感じない。その最たる例が公務員の天下りです。

公務員の中でも国家公務員の難関試験に合格した人々をキャリア官僚と言います。彼らは一般の公務員と比較にならないほどすごい速度で昇進していきます。しかし、給料はそれほど高くない。彼らの多くは東大法学部卒業者ですから、大学の同期で金融機関や外資などに就職した友人と給料を比較して「俺達の方が優秀なのに、どうして給料が安いんだ？」と不満を持ちます。

ただ、こういう不満が表面化したことはありませんでした。なぜなら「天下り」ができるからです。天下りとは役所の斡旋で再就職することで、キャリア官僚は退職後、役所よりも給料の高い関連団体・民間企業に再就職することで、現役時代の安い給料分を取り戻すのです。天下りで取り戻せると考えるからこそ、現在の安い給料でも我慢できるわけです。

この考え方は実は民間企業にも当てはまります。年功序列賃金は勤続年数とともに給料が上がっていくシステムのことですが、この制度は若い頃の損失を中年期に取り戻すという考え方の典型です。年齢とともに熟練度が増す仕事はありますが、肉体労働などは若い頃の方が圧倒的に生産性が高い。それにもかかわらず、若い時の方が給料が安い。それでも我慢できるのは、中高年になってから損失を取り戻せると考えるからです。

しかし、今や状況は激変しました。将来何かを取り戻すどころか、会社自体の存続が非常に危うくなってきたからです。最悪の場合、サービス残業ばかりさせられたあげくに、リストラされて失業する危険まであるのです。失業こそ不幸の源ですから、そう考えるとサラリーマンが稼ぎに不安を持つのは当然のことなのです。

第二章 貧しいのは自助努力不足か、それとも、世間が悪いのか？

自助努力の限界を認めたがらないポジティブ日本

今も昔もそうですが、書店には自己啓発の本があふれています。これは日本だけに限らず、アメリカの書店にだってそういったジャンルの本はあります。

自己啓発本には必ず「成功する方法」のようなものが書かれています。その中に、成功するための心構えとして、これまた必ず「ポジティブになれ」とあります。確かに、ネガティブになるよりはポジティブになった方がいいとは思いますが、ポジティブになれるかどうかは状況にもよります。これだけ不景気が長引くと、そんなにポジティブになれるもんじゃない。

それにもかかわらず、バブル経済崩壊後の日本ではポジティブ哲学が随分と幅をきかせました。その最大の理由は、不況の日本にも多くの成功者が現れたからです。日本全体が不調で失敗する人が多かったからこそ、成功者は余計に目立ちますし、それだけオピニオンの影響力も強くなります。

成功する起業家が睡眠を極限まで削ったと言ったり、プロスポーツ選手が幼少より血のにじむようなトレーニングを重ねたと言うと、そちらの方がストーリーとしても美しいのでマスコミで取り上げられやすいのでしょう。

成功する人を基準にするため、成功していない人間に対しては「努力不足だ」という見方が強くなるわけです。しかも、成功例は続々と出てきますから、努力や創意工夫は無限だという考え方が強くなります。

その裏返しとして、給料の安い人や中途半端な働き方をしている人に対しては「努力不足」という声が強くなります。それが最もよく表れたのが、リーマンショックによる深刻な不況で派遣切りが横行した時でした。派遣労働者を救うために年越し派遣村のような試みが起きる一方で、「派遣労働者は甘えている」「派遣労働者は自助努力が足りない」という議論が巻き起こりました。派遣村で食事をもらわなくても、選びさえしなければ働く場所などたくさんあるだろうというのです。

金儲けに成功するかどうか、セレブになるか派遣労働者になるかは努力だけでは決まりません。生まれや育ち、才能などに依存します。また、仮に努力が大きな比重を占めるとしても、努力できるかどうか自体、才能だという見方もできますし、努力を重ねられるかどうかさえ運次第だという見方もできます。なぜ、辣腕起業家は一日15時間も休みなく働くのか？　プロスポーツ選手はなぜ肉体を酷使してテクニックを磨くのか？　カネや名誉など様々な理由がありますが、「好きだから」というのが最大の理由でしょう。好きだから努力が続くのです。好きだから一生続けられるのです。

例えば、私は読む・書く・話すのが大好きです。早朝から起きてアイデアを練り、原稿を書き、本を読み、大人数の講義では声を張り上げ、3日に1回くらいはテレビに出演する。スポーツクラブで泳ぐ以外に趣味もなく、読む・書く・話すを日々続けていますが、これを嫌だと思ったことはありません。苦痛が全くないから続くのです。厚生労働省の官僚を続けていたのであれば、こんなに努力はできなかったと思います。

ただし、好きなこと、24時間続く仕事を発見できる人は稀です。様々な仕事をする中でやっと見つける人がいるくらいだと思います。努力できる仕事を見つけることができるかどうかは運です。やっぱり、努力にすべてを帰することは難しいでしょう。

この大前提を踏まえ、次に議論したいのは日本人が怠け者だから給料がもらえない、給料が減ったといったバカなことはあり得ないということです。

新幹線を黙々と掃除する日本人とやる気が全くないレジ打ちのアメリカ人

日本人の勤勉ぶりは国際的にもよく知られたところです。そのことを示すデータはたくさんありますが、例えば、諸外国と比べて日本の場合はストライキなどによる労働損失日数が極めて少ないのです（図2-1）。トップのアメリカと大きな差があるだけでなく、日本の次に少ないスウェーデンとすら10倍近い差があるのです。もし給料が思ったように上がらないのであれば、やむにやまれずストライキを起こしたりするものですが、日本ではそんな過激なことは稀です。

図2-1　労働損失日数の国際比較

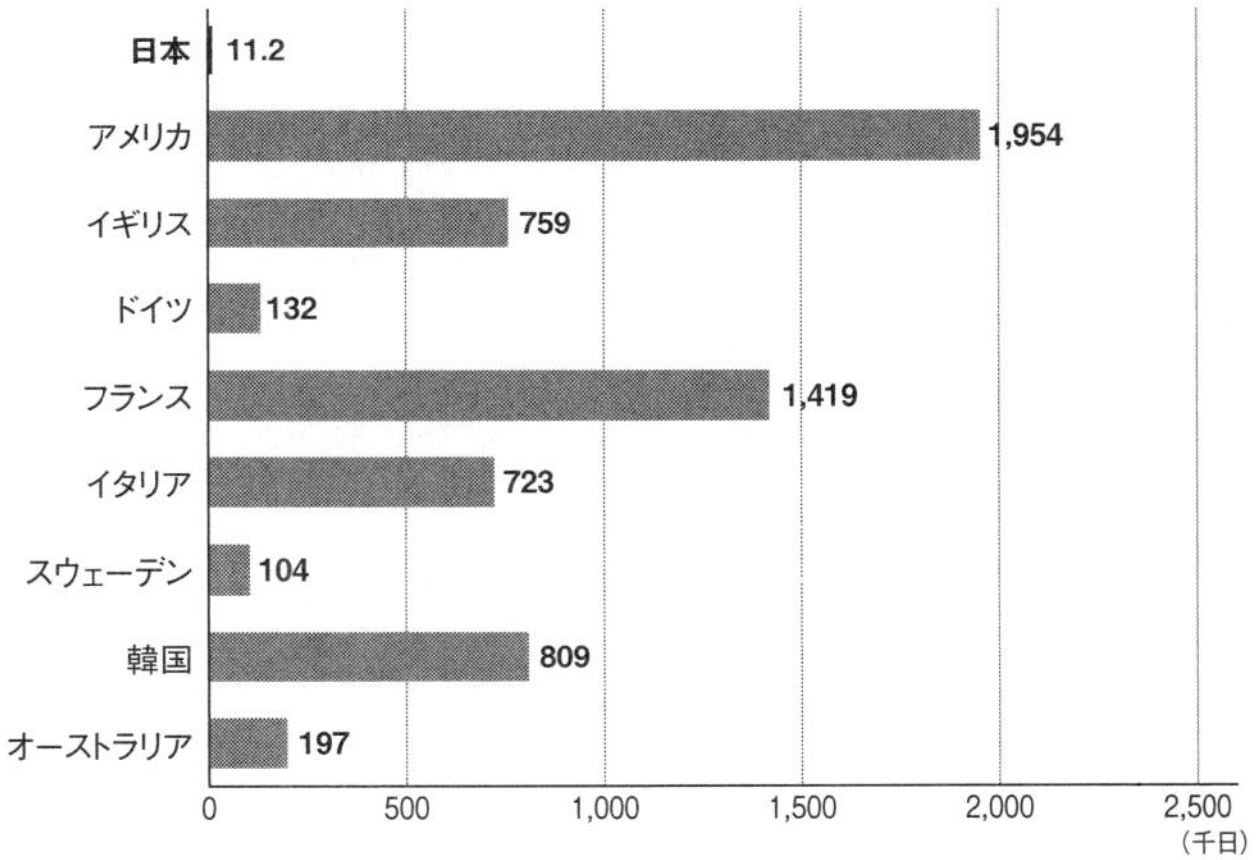

出典：『データブック国際労働比較2012』206頁

多くの日本人は黙々と働いています。

では次に、日本人がいかに働き者であるかを、国際比較や個人的体験も交えながら、二つの視点からお話ししてみたいと思います。

一つ目は、高齢者がものすごく働き者だということです。人間は誰でも歳を重ねれば疲れてきて、働く気力が失せるものですが、日本の高齢者は少し違います。私が身近で見てきた高齢者の中には、80歳を超えた高齢になっても小遣い稼ぎのために働く人がいます。主な仕事は、新聞料金の集金、雑用程度の店の手伝いなどです。私の祖父もそうでした。

彼らに「なぜ、そんなに高齢になっても働くのか」と聞くと、「年金では生活するのに精一杯。でも、孫に何か買ってやりたい。できるなら自分で働いたお金を使いたい」と答えます。自分で働いたお金で何かをするということが重要なことを物語るエピソードです。いくつになっても自らの力で何かをするのは人間にとって大きな喜びなのです。

欧米ではHappy Retirementという言葉があります。さっさと定年退職して自由時間を楽しみたいと欧米人は考えます。資産を作ってカリブの砂浜でバカンスといったところです。しかし、日本では定年後にやることがなく心を病む人さえいます。欧米人は労働を苦痛だと考えるのに対して、日本人は労働を生きがいと捉えるのが最大の要因だと思います（もちろん、これは一般論であって例外はたくさんあります）。

二つ目は、日本人は単純労働にも手を抜かないという点です。どこの国でも単純労働は嫌われます。理由は、作業が単調で賃金も低いからです。それにもかかわらず、日本人はどんな単純労働にも創意工夫を加えて、単純労働を変えてしまいます。何とか労働に喜びを見いだそうとするのです。

私は便所掃除に日本人の創意工夫や精神論の原点を見ます。学校でも会社でも便所掃除を重視します。単純な労働ですが、それを一生懸命にこなすことで精神が磨かれると考えるわけです。こういう日本人の態度は欧米諸国の労働に対する考え方とは対照的です。

アメリカに留学していた頃、食料の買い出しのために郊外の巨大モールによく行きました。そこではレジ係がものすごく退屈そうな表情で、無造作にレジを打っていました。アメリカでは単純労働は嫌われるし、やる方も嫌々仕事をしています。客の方も諦めているところがあり、そこは良くも悪くも、サービスや労働の価値をわかった上で客自身も対応しています。レジ係の対応が悪いと怒るクレーマーを見たことはなかったです。

それに対して、日本では新幹線のクリーンサービスの素晴らしさが大きな話題になりました。新幹線が発着する短時間で車内をあっという間に綺麗にしてしまうというものです。これが国際的にも話題になったのは、日本人が素晴らしいからというよりも、欧米人には思いつかないことだったからだと思います。特に、日本に来て新幹線に乗るような外国人の中には頭脳労働のエグゼクティブも多い。そのため、彼らには新幹線の清掃がより一層、新鮮に映ったのです。

若者の勤労モラルの変化

日本人がいかに働き者であるかを若者に注目して分析してみましょう。昨今、若者が働かない・怠けているということが言われます。「草食系男子」「ウチ向き」という言葉もよく聞くようになりました。私は大学教員として日々、若者に接しています。確かに、男女平等で女性が強くなったこともあるのか、男子学生はおとなしそうに見える子が多くなりました。あんまりガツガツしていません。昔と違って「俺についてこい」という感じの男子はあんまり見なくなりました。デートにしても割り勘らしいです。

日本の男子の草食ぶりは留学生と比較すればよくわかります。私は中国などアジア諸国からの留学生を大学院で教えていましたが、彼らは日本の学生と比べてハングリーさが全く違います。

理由は単純で、彼らには「坂の上の雲」があるからです。発展途上の国ですから、大学を卒業して努力すれば稼げるし、偉くなれる。そういう光り輝く希望があれば、ハングリー精神を丸出しにしてがんばります。外資系企業に入れば、見たこともないような大金を手にすることができるのです。

また、親への強い思いもあります。留学生の親は自分の年収を超えるような日本の大学の授業料を負担します。そこまでして子供を留学させるのです。よほどの親不孝者でもない限り、誰だってがんばって親に恩を返そうとします。

日本の若者とアジアの若者ではこれくらい違います。そのため、日本の将来を憂う大人は「日本の若者は覇気がない」と批判します。しかし、この批判はおかしい。誰でも豊かになればハングリーさをなくすのは当然です。大人だって功成り名を遂げれば、ガムシャラに働かなくなります。日本の若者の態度にも同じことが言えるだけです。何もせずとも豊かで生活は保障されている。いざとなれば、フリーターでも生活をすることは可能だし、親が元気なうちは、ニートになって引きこもっても何とかなります。そういうことが許される社会になっただけのことです。

ただ、働く意欲に関しては日本の若者は昔と変わらず、いや、昔以上に真面目です。勤労モラルが崩壊しているなど考えられません。なぜなら、彼らの就職状況は非常に厳しいからです。企業は採用抑制で新入社員を減らしています。終身雇用が大きく揺らいでいるため、就職状況は毎年変動しており、そんな状況での就職活動は大変です。こういう厳しい就職状況を反映しているのか、昨今の大学生は私のようなバブル世代に比べてはるかに勉強します。また、大学の取り組みもかつてとは全く違います。大学が就職予備校化している、と言うと語弊がありますが、就職を見据えたカリキュラムを組んでいるのです。少なくとも、今の大学生は授業などで拘束される時間が非常に長くなっています。勉強しないと将来が危ういからでしょう。

ここまで努力して就職するわけですから、仕事に対して真面目です。様々な事情から会社を辞めてしまう若者が問題になりますが、大多数は仕事重視です。

図2-2は「残業とデートはどちらが優先か」を新入社員に聞いたアンケート結果を示したものです。これを見ればわかるように、現在の若者は仕事を優先する傾向が強くなっています。

図2-2　残業とデートはどちらが優先か（経年変化）

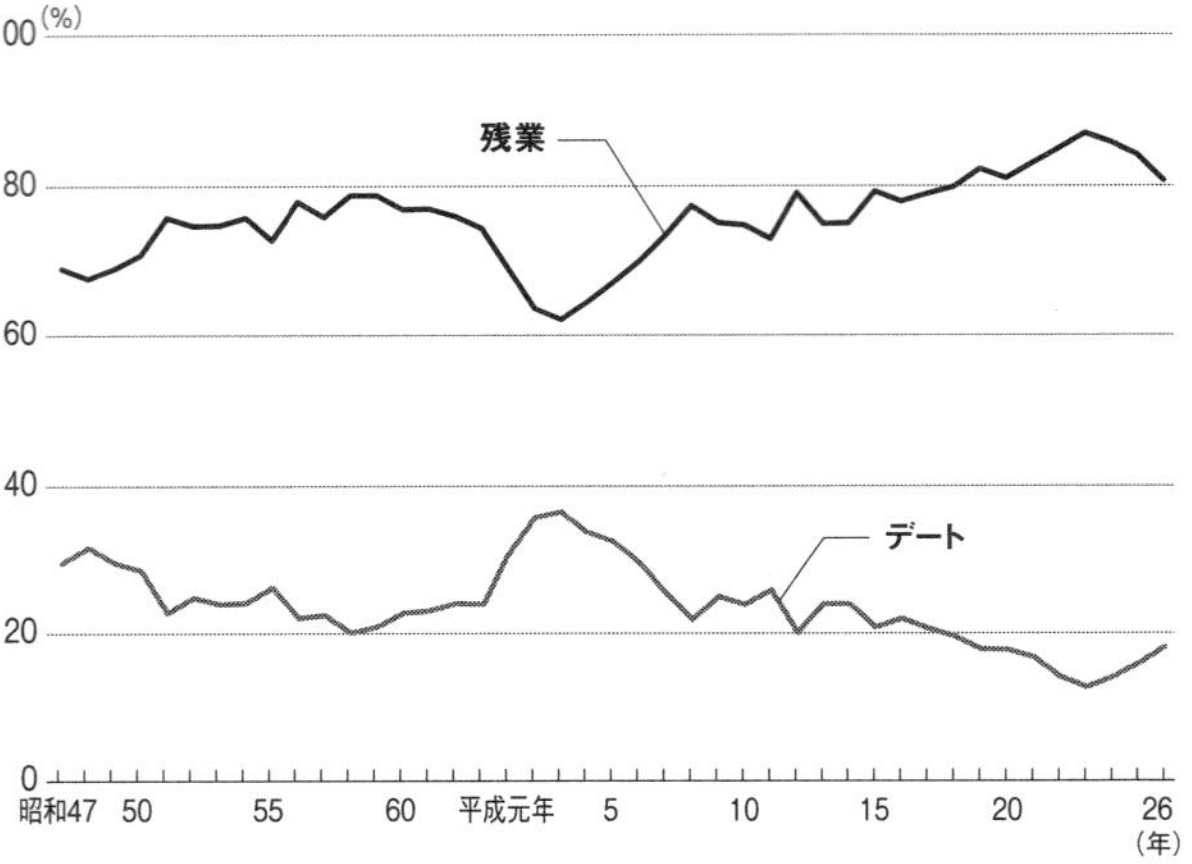

出典：日本生産性本部「新入社員『働くことの意識』調査」（平成26年度）

日本の労働組合の組織率は低下し、春闘が機能しなくなっている

かつての大国のように、日本人が働かなくなったから給料が減ったりしているわけではありません。他に理由があります。

まず、給料が上がらないことに関して、政府にはどこまで責任があるのでしょうか。資本主義経済の下では賃金や給料は労使交渉で決めます。あるいは、マーケットメカニズムが自動的に働いて、人手不足で労働者が有利な状況になれば自然に給料が上がりますし、人手が余れば企業が有利になって給料は下がります。その意味では、政府が給料の高低に大きな影響を及ぼせるものではないのです。

確かに、政府には労働基準法を企業に遵守させるなど強制力がありますが、資本主義社会

図2-3　雇用者数、労働組合員数及び労働組合の推定組織率の推移

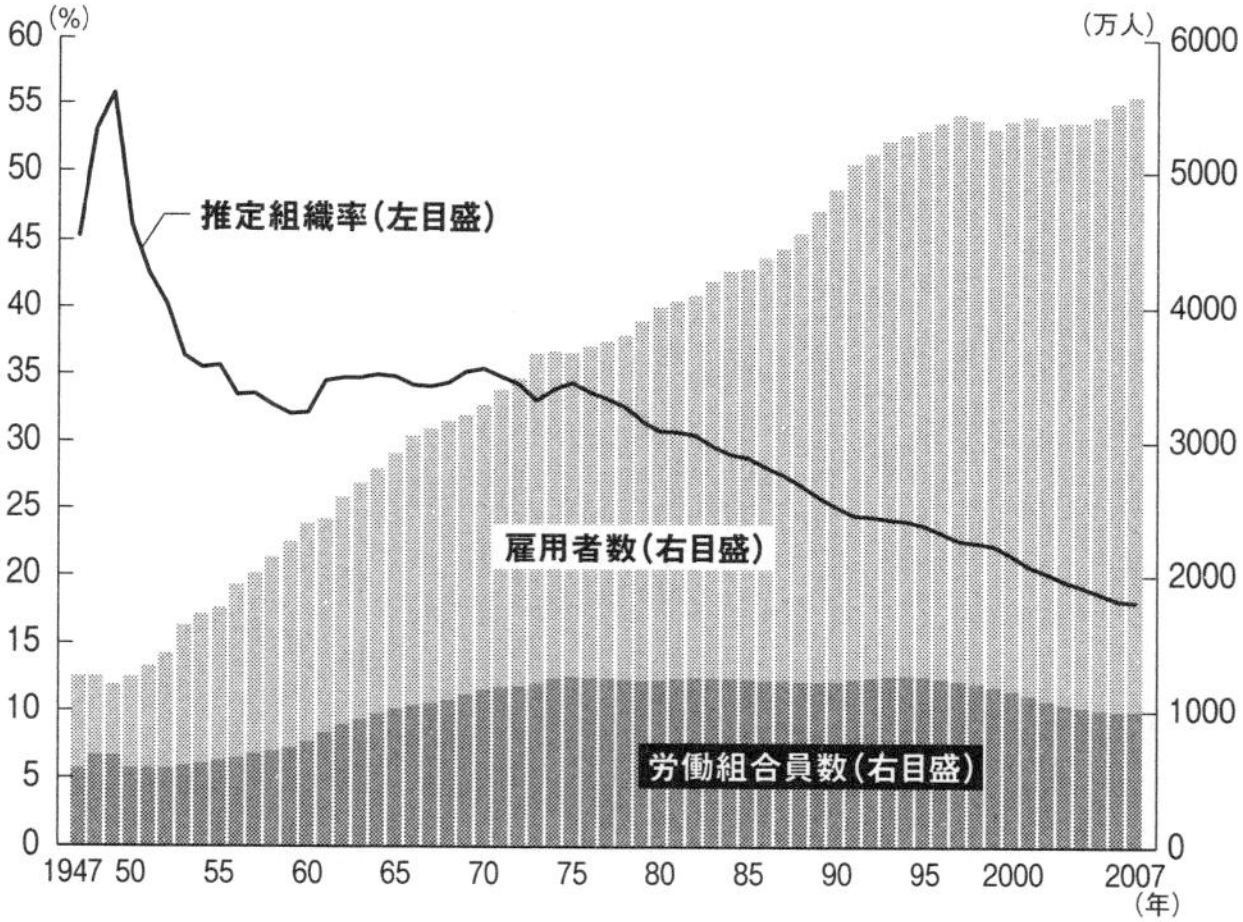

注
1. 1947年は「労働組合調査」、1948年～1982年は「労働組合基本調査」、1983年以降は「労働組合基礎調査」である。
2. 推定組織率は、労働組合員数(1952年までは単位労働組合、1953年以降は単一労働組合)を雇用者数(総務省統計局「労働力調査」各年6月分、ただし1947年については7月分)で除して得られた数値である。したがって、1952年以前と1953年以降は厳密な意味では接続しない。
なお、労働力調査は1953年、1967年に調査方法を改定したが、1967年の変更によるギャップは1953年までさかのぼって修正してある。
3. 1972年以前は沖縄県を含まない。

出典：厚生労働省「労働組合基礎調査」(「労働経済白書」(平成20年版))

の下では限界があります。

その一方で、労働組合はどうでしょうか。まず、シビアな現実から確認すると、図2-3でわかるように、労組組織率は戦後一貫して低下しています。そのため、労組は経営者に張り合う力をなくしていきました。

労組の組織率が低下している背景には様々な要因が考えられますが、サービス産業化が進んだことと非正社員が増えたことは大きな要因でしょう。しかも、サービス業は非正社員が多いだけにこの二つは密接にリンクしていると言えます。

日本の労働組合が頼りないのは、組織率の低下だけが理由ではありません。日本の労組は企業別労働組合（企業単位で所属従業員により組織された労働組合のこと）だということも大きな影響を与えています。企業別労働組合は、何よりも会社の利益を重視する傾向があるからです。つまり、労働者の利益よりも会社の利益が優先されやすい。なぜなら会社が潰れれば労働組合も潰れるからです。

日本が企業別労働組合を中心にするのに対して、欧州諸国は産業別労働組合（職種に関係なく、同じ産業に従事する労働者によって企業の枠を超えて組織される労働組合）が主流です。そのため、労働条件は使用者と産別労組が締結する「労働協約」で決められるのが一般的です。労働協約の場合、その拘束力は当該産業全体に及びます。つまり、パナソニックでも中小企業の町工場でも、機械工の賃金は〇〇〇円と統一されたものとなります。こうなってくると、どの会社で働いても労働条件は変わりません。

それに対して、日本では労働協約が力を持ちません。主流は使用者が決める「就業規則」です。その結果、労働条件はますます企業毎に違いが出るし、従業員も産業全体・労働者全体のことを考えるより、会社や個々人のことを真っ先に考えるということになりやすい。誰も企業に逆らわないわけです。実際、日本ではストライキなどによる労働損失日数がものすごく少な

図2-4　賃金改定に当たり最も重視した要素別（企業割合）の推移

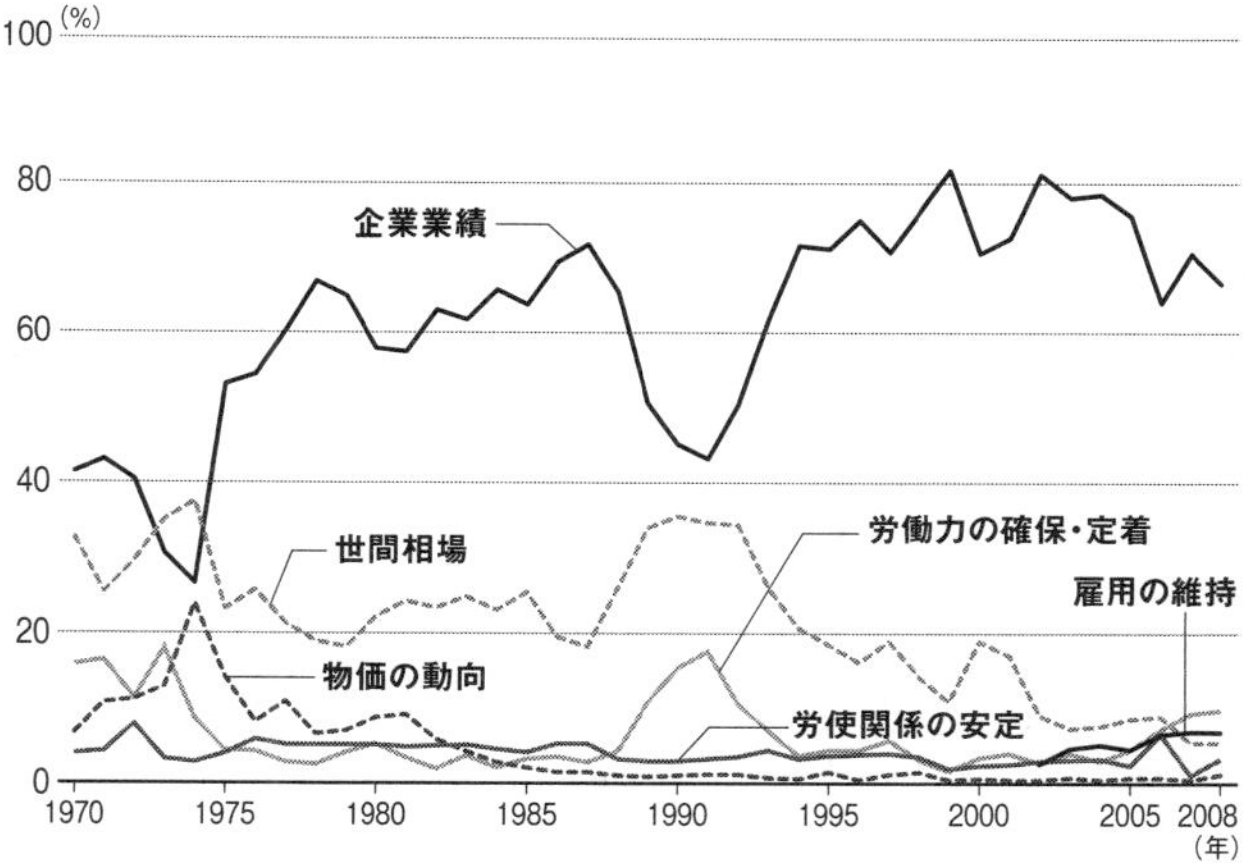

出典：厚生労働省「賃金引上げ等の実態に関する調査」（「労働経済白書」（平成21年版））

い。秩序正しい労使協調、と言えば聞こえはいいのですが、果たしてこんな従順さで労働者を守れるのでしょうか？

さらに問題なのは、労組の組織率が低下して「春闘」が機能しなくなっていることです。春闘とは日本全体の賃金決定プロセスのことです。

日本では従来、賃金の改定の時期になると、鉄鋼や造船などの製造業大手が労使交渉で賃金を決めます。それによって相場を作った上で、それが他の中小企業にも波及していって日本全体の給料の底上げにつながっていきました。

しかし、この春闘システムが根本的に壊れています。図2-4を見てください。企業が何を参考にして賃金を考えるかを示したもので、世間相場の比重がものすごく下がっているのがわかります。他の会社や業界を参考にしないということは、業績好調な業界や会社の波及効果が低下していることを意味します。

春闘が華やかなりし頃は、好調な産業・企業の賃上げがその他の労働者にもプラスの影響を及ぼしました。しかし、産業・企業毎に業績は大きく異なり、正社員・非正社員に分断されている今の労働市場では、春闘のような波及効果はありません。そのため、好調な産業・企業の賃上げを喜ぶような労働者も少なくなっています。

公務員が典型例です。嫌われ者の公務員でさえ、かつては民間の労働条件を改善する者として好意的に見られていた時期があります。例えば、週休2日制度の導入にしても、最初に実行したのは公務員と金融機関でした。これら二つのセクターが牽引者となって週休2日制度を進めていったのです。しかし、今やそういう目で公務員や大企業の正社員を見る人などまずいないでしょう。

労組の組織率が落ちていて、労働者が経営者に対抗できなくなっているというのは、明らかに賃金低下の一因です。残念なことに、多くの日本人はそれに気づいていない。その一方で、「労働組合なんて……役に立たないし、組合費がもったいない」とぼやいています。あまりにも近視眼的に物事を見るようになっているのです。

給料の低い産業に人材が移動している

給料が上がらないことと政府はそれほど関係ないが、労働組合は関係している。それが私の結論ですが、労組の弱体化だけでは給料が上がらない理由を説明しきれません。

それでは、ここからいよいよ、本書は本題に入っていきます。

冒頭で述べたように、給料が増えない最大の要因は資本主義だからです。しかも、現代日本の資本主義は「儲からない」から質《たち》が悪い。成長して儲かる資本主義は多くの人に利益をもたらしますが、儲からない資本主義は人を苦しめるだけです。このシステムでは、給料が上がらないのは当たり前です。

次の図2-5は、各産業の所得水準と雇用吸収力の関係を見たものですが、所得水準の高い産業で雇用が増えていない一方で、所得が低い産業で雇用が増えていることがよくわかります。

これをより詳しく分析している「労働経済白書」によれば、1997年から2002年において、サービス業を中心に年収250万円未満層で有業者が増加しているとともに、2002年から2007年においては、医療、福祉等を中心に400万円未満層で有業者が増加しているということです。

つまり、人材は給料の低い産業へと移動しているのです。これが日本経済の現状です。給料

図2-5　日本における所得水準と雇用吸収力の関係

日本ではこれまで高所得部門の雇用吸収が弱く、
相対的に所得の高くない部門での雇用拡大が続いていた。

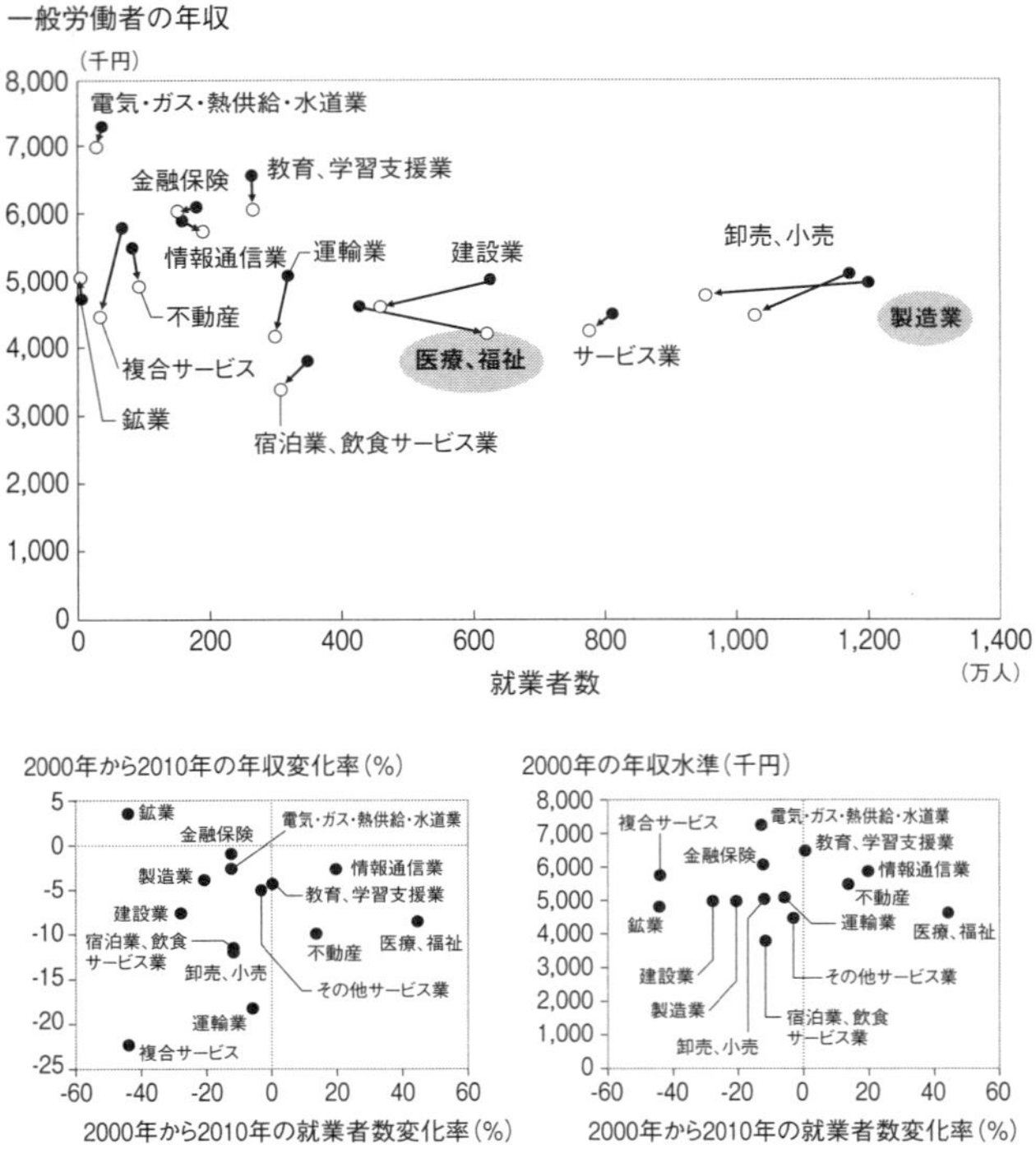

注

1. 2000年国勢調査においては第11回産業分類改定の分類に対応した就業者数が公表されている。また2010年国勢調査においては抽出速報値により第12回産業分類改定の産業小分類による値を表章していることから、これを労働政策担当参事官室において第11回産業分類改定ベースに組み替え、2000年と2010年の数値を第11回ベースで比較している。
2. また、年収とは、一般労働者について表章したものであり、「きまって支給する給与×12+特別賞与額」で計算。「賃金構造基本統計調査」においては、2000年、2010年の賃金水準はそれぞれ第10回、第12回産業分類改定に対応して表章されていることから、1.と同様に組み替え、国勢調査における就業者数で加重平均したものを用いている。なお、常用労働者数の少ない産業中分類の賃金水準は表章されていないため、厳密な比較を行うことはできない。

出典：「労働経済白書」（平成25年版）

の高い職業が少なくなって、給料の低い職業しか働く場所がない。何か構造的な問題があって、政府や労働組合の力で正せるようなものではないということです。もちろん、こういう状況でも有望な職業は存在しますが、それはごく少数です。

次の図2-6は職種毎の賃金を見たものですが、職種別に2011年の年収水準を見ると、相対的に水準の高い医師、大学教授、記者、航空機操縦士などの職種を除き、300〜500万円の職種が多いのがわかります。

しかも、5年前（2006年）、15年前（1996年）との年収の変化を見ると、医師、歯科医師などの専門的・技術的職業を除き、大半の職種で年収が低下しています。露骨なのは生産工程・労務といった職業の給料の減少です。総合的に言えることは、やはり儲かる職業・産業・企業が少なくなっているということです。それに加えて労組が力をなくしているので、経営者に押されっぱなし。この二つが給料が減っている最大の要因です。さらにそれを辿っていくと、日本の資本主義自体が変調を来していることにいきつきます。

それでは、どうして日本の資本主義は儲からなくなったのか？

二つの図表で職業別の賃金格差を見れば、世界的にグローバル化やIT化の影響が強く出ており、知識労働や高技能の労働がより稼げるものになっている一方で、低学歴で肉体を駆使する労働で稼げなくなっているということがよくわかると思います。

図2-6　職種別に見た年収の変化（年収水準の変化）

相対的に水準の高い医師、大学教授、記者、航空機操縦士などの職種を除き、300〜500万円の職種が多い。

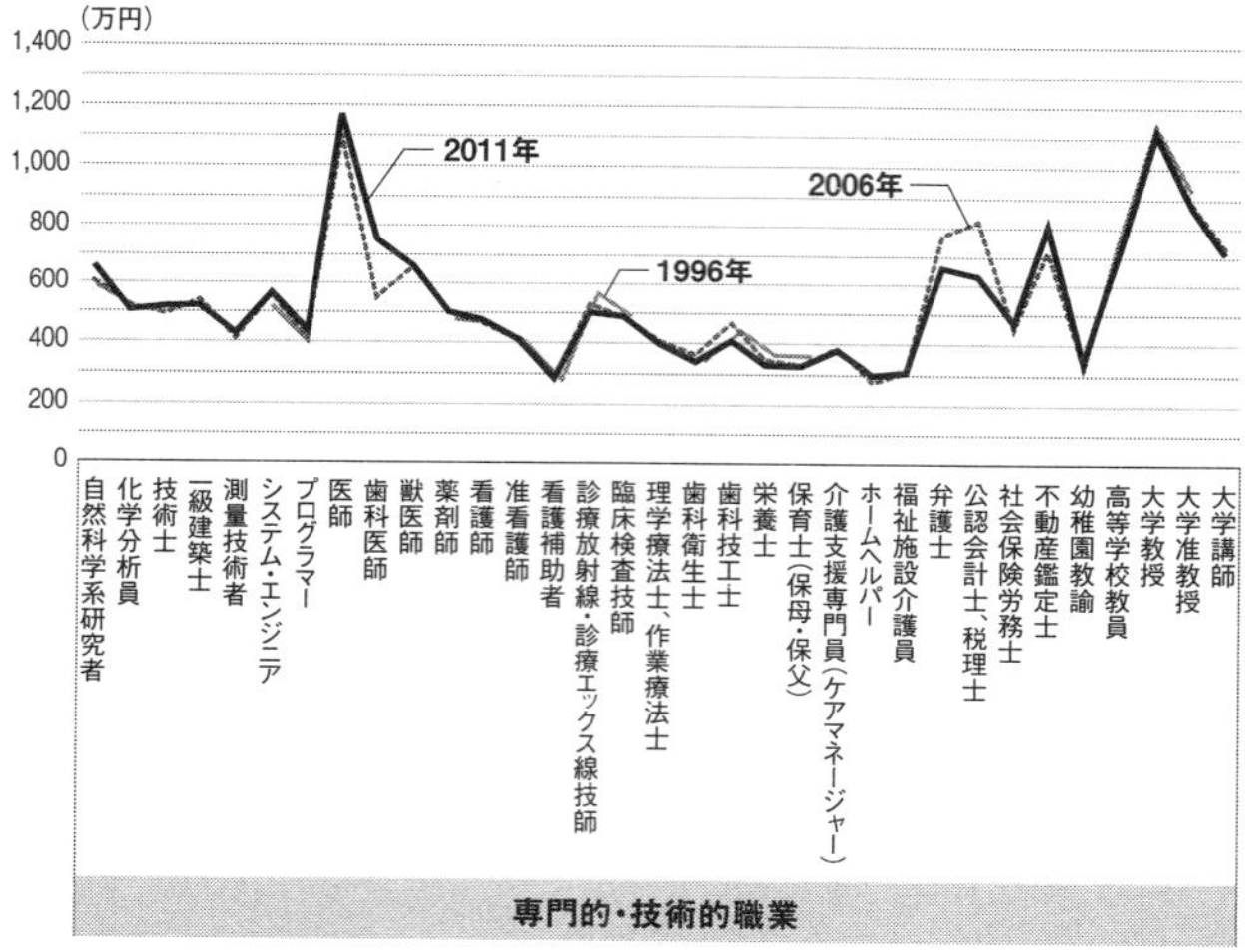

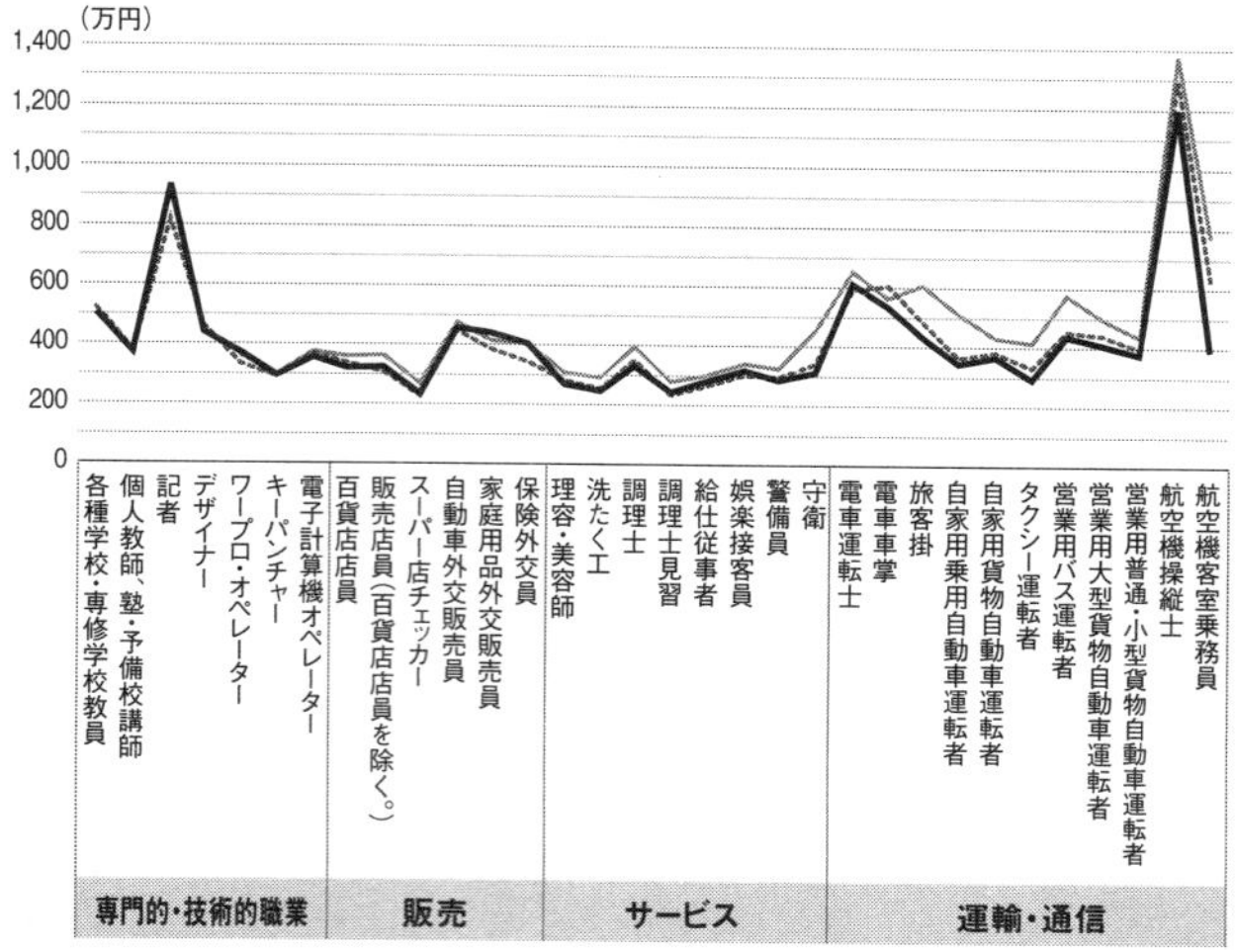

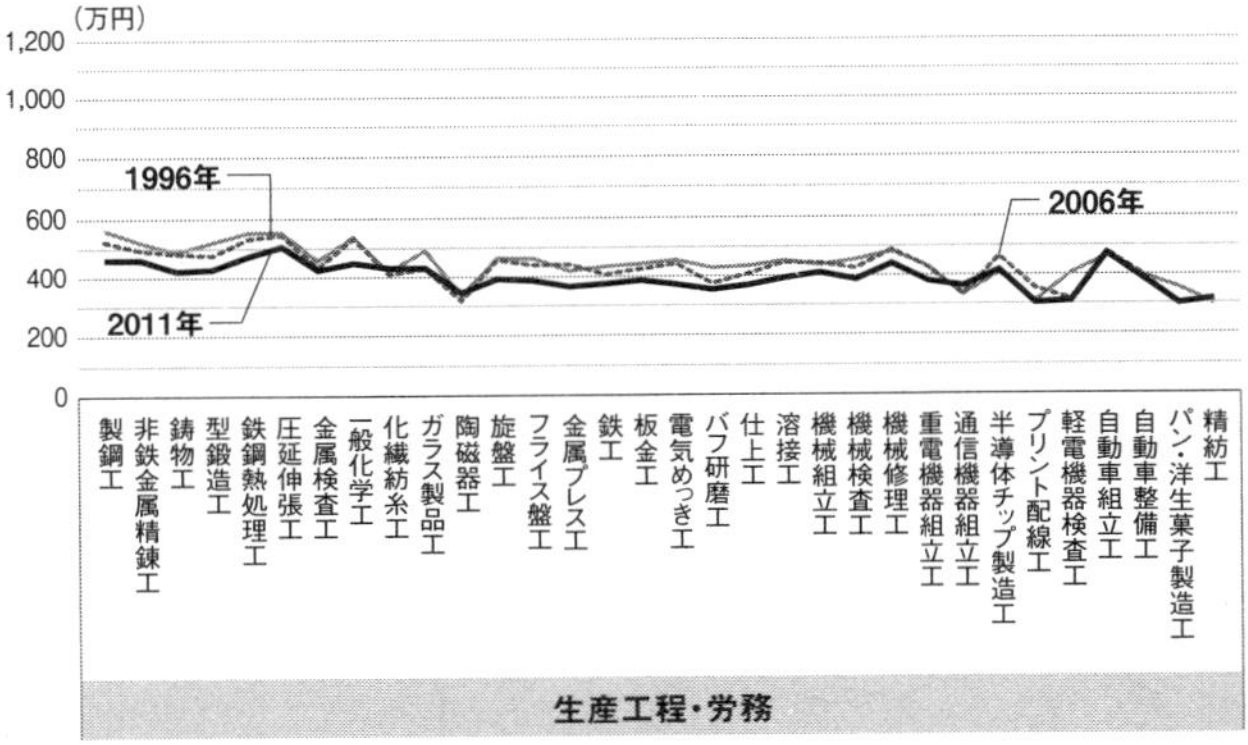

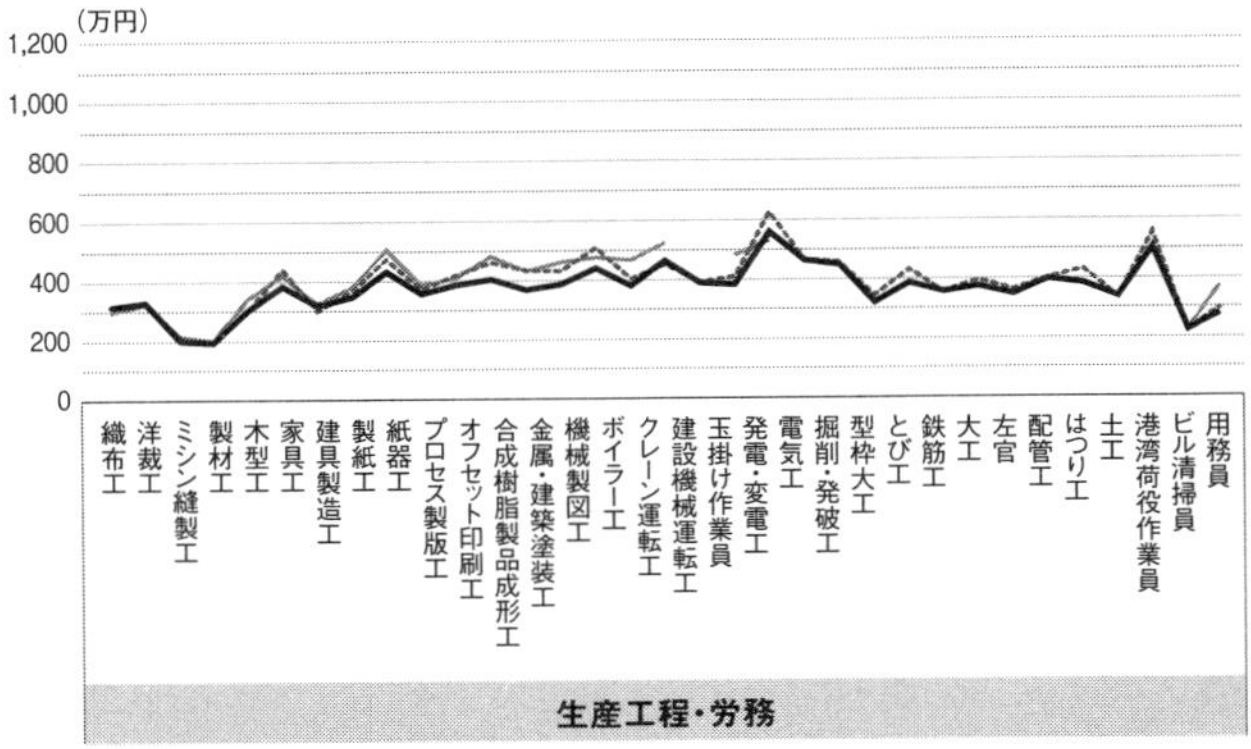

注

1. 産業構造審議会新産業構造部会(第5回)配布資料(2012年2月23日)を参考に作成。
2. 「年収=きまって支給する現金給与額×12+特別給与額」として計算。きまって支給する現金給与額とは、労働契約などによってあらかじめ定められている支給条件、算定方法によって支給された現金給与額(所定内給与、所定外給与を含む。賞与などの特別給与は含まない)。特別給与額は、前年1年間の額。

出典:「労働経済白書」(平成24年版)

中国の存在は、賃金低下に大きく関係している

グローバル化・IT化・高学歴化の三つの要因の中でも、日本の労働者の賃金低下の最大要因はグローバル化だと考えられます。グローバル化でなぜ日本の労働者の賃金が下がるのでしょうか？

まず、製造業が海外に拠点を移す結果、雇用の場が少なくなります。そのため、製造業関連の肉体労働（特に単純労働）の雇用機会が少なくなりますので、経営者が有利になって給料が下がります。また、企業は競争するためにコストカットとして非正社員を増やします。さらに言えば、グローバル化で競争が激しくなり、会社経営が不安定になれば、企業は危機に備えて人件費を削ろうとします。グローバル化の影響で最も大きいのは中国の存在です。中国製品と競争するためにはコストカットが不可欠で、日本の労働者の給料を中国の労働者のレベルまで下げるという圧力が強くなるからです。その意味では、日本人の給料が下がっているのは、池田信夫氏が『アベノミクスの幻想』（東洋経済新報社）の第三章で述べているように、中国との単位労働コストの差が縮まっていることが大きな要因です。

しかし、中国の影響度合いが異なるとはいえ、賃金が下がっているのは実は日本だけなのです。図2-7は、日米欧の賃金の動きを示したものですが、驚くべきことに金額が下がっているのは日本だけです。そのため、グローバル化・中国の影響というだけでは片づけられないそ

図2-7　名目賃金の日米欧比較

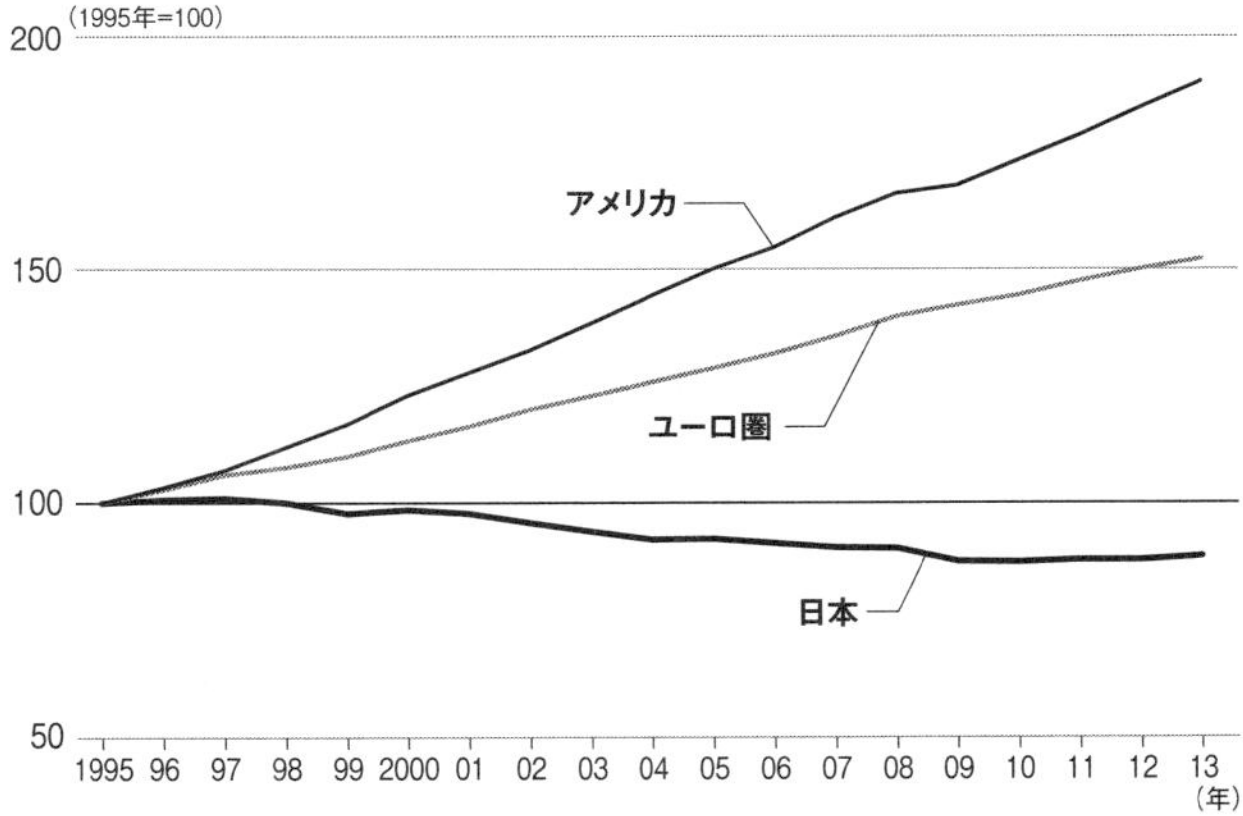

出典:『デフレーション』吉川洋著(日本経済新聞出版社)175頁

の国特有の要因があると考えられます。これについて、政府の「経済の好循環実現検討専門チーム会議」(中間報告)は、日米欧の労働市場と企業の違いの両側面から要因をあげています。

労働市場の性格から説明しましょう。米国の労働市場は流動的で、好況期にはより賃金が高くなるなど伸縮的であるため、生産性の高い人材などはそれだけ高い給料を得られます。それに対して欧州は、労働組合の交渉力が強くて賃金を引き上げる仕組みが機能しています。企業側の要因を見ると、日本企業は価格の引き下げで競争力を保とうとしたのに対して、米国企業は新規事業の創造などで収益性を高め、欧州企業はブランドを作り上げることで高価格を維持してきたことをあげています。

日米欧の違いは納得できる部分がある一方で、どうも腑に落ちないものもあります。例えば、日本の労働市場は米国に比べて流動的ではないものの、確実にサービス産業化は進んでおり、製造業からサービス業に人材は移っています。しかも、驚くべきことに介護や医療ではまだまだ人手不足です。どう考えてもサービス業の賃金は上昇してしかるべきなのです。

経済学者の吉川洋氏は、雇用が増えているサービス業の賃金低下の要因として、新聞やシンクタンクなどの記述を引用しながら、非正社員の増加、企業が求める人材と求職者が持つ能力のズレ（雇用のミスマッチ）、サービス業の収益が伸びないことなどをあげながら、最終的には野口悠紀雄氏の見解を引用して「日本のサービス業における生産性の上昇率がアメリカをはじめ他の先進国に比べて低い、ということになる」と述べておられます（『デフレーション』（日本経済新聞出版社）192頁）。

日米欧の生産性の違い……これは多くの学者が言うことです。生産性とは何か、もっと言えば、どうして日本のサービス業は生産性が上がらないのか。経済学は、ここで「サービス業の生産性が低い」と一刀両断にして終わりです。しかし、我々が知りたいのはその理由です。

本書は、この部分を日本の資本主義の特性をキーワードにして攻めていきたいと思います。その前に、欧米の賃金が上がっているからといって、欧米が日本より豊かかと言えば、そんな

図2-8 国内総生産の実質成長率の国際比較

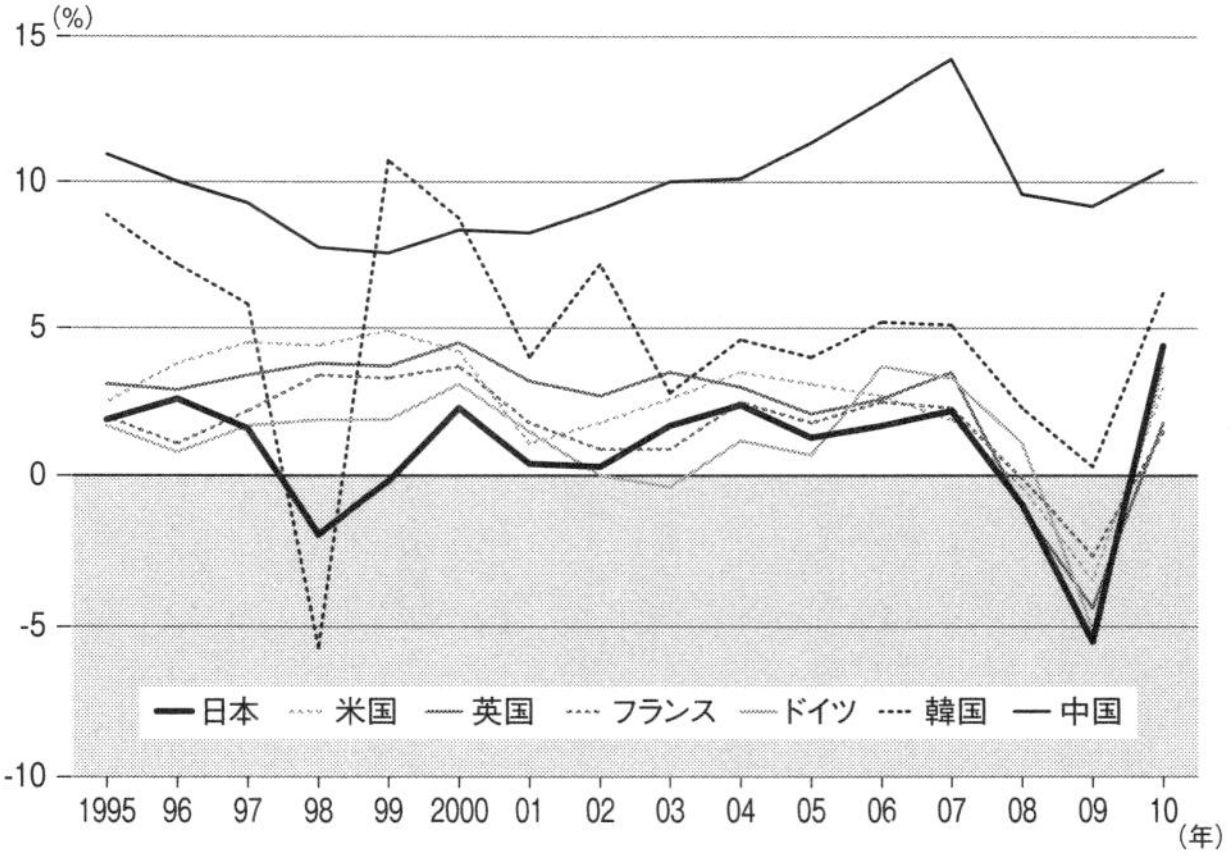

出典:「情報通信白書」(平成24年版)

こともありません。

絶好調に見えても成長していない先進国

日本だけでなく欧米もやはり行き詰まる資本主義の真っ只中にいます。社会状況を考えると、日本の資本主義以上に行き詰まっています。図2-8を見てください。経済成長率を国際比較したものです。この図からわかるように、米国も欧州もGDPが成長しているわけでもないのです。確かに賃金は伸びているかもしれませんが、GDPが成長していないということは、日本以上に社会にしわ寄せがきていることを意味します。

米国の場合、途方もない高給をもらう金融マンや経営者が現れ、彼らが全体の賃金相場を引き上げているかもしれませんが、一方でものすごい貧困が横たわっています。今更言うまでもありませんが、わずか0・1％の人間が多くの富を得る超格差社会になっています。つまり、貧しい人が増えているにもかかわらず、平均賃金が上がっているということは、恐ろしく貧富の格差が拡大していることを意味しています。

欧州の場合は少し事情が異なります。欧州は労働組合が強く、解雇規制なども厳しい。労働者が強い国です。しかし、労働者が強いからといって全員が幸せではありません。なぜなら、失業率が高いからです。特に若者の失業率の高さは常に大きな問題になってきました。日本の若年者（15歳～24歳）の失業率は8・2％ですが、米国は17・3％、フランスは23・0％、スペインは46・5％です（平成24年版「労働経済白書」より）。

欧州の労働市場は職種別労働市場になっており、職業毎に経験・求められる資格などが決まっています。そのため、若者は経験年数の少なさから容易に職が得られません。しかも、労働組合が強いために中高年は簡単にクビにならない。おまけに給料は高い。こうなると経営者はますます若者を雇おうという意欲をなくします。

そういう意味で言えば、日本は賃金が下がっていたとしても、欧米に比べてはるかに良いとも考えられます。正社員と非正社員の格差といっても米国に比べるとそこまで拡大していません。若者にしわ寄せがきていると言われるものの、欧州のように失業率が高いわけでもない。日本の場合、不況のしわ寄せをみんなでシェアしてきたと見なすこともできるのです。このように、資本主義の行き詰まりにはその国特有の事情が見えてきます。

ただし、日米欧の差に関わりなく現代資本主義が共通して抱えている問題もあります。それは搾取・成長の鈍化・格差拡大の三つです。本書はこの三つをこれから分析していくわけですが、日米欧の賃金や失業率の差などから、これら三つはそれぞれに特徴を持っています。成長の鈍化は三者に共通していますが、搾取や格差拡大は日米欧でそれぞれ違いがあります。

これからは日本の資本主義を中心に分析を進めていきますが、日本の資本主義の最大の特徴は「搾取」です。それも浪花節的に搾取するから質が悪い。先ほどのサービス業の生産性が上がらない理由に絡めて言えば、どうして生産性が上がらないのかなど難しい統計や算式を示さないでも、働いている人は皮膚感覚でわかっていることがあるはずです。

その謎解きは後述するとして、グローバル化・IT化などといった、もっともらしくて綺麗な理由ではなく、生々しい要因を探した方が良いということです。給料が増えない背景には人間らしい生々しい理由があるのです。

では、経済学が分析を止めてしまうブラックボックスに踏み込んでいくことにしましょう。

第三章　経済成長なき資本主義の現実

現代資本主義の三つのホットなテーマ

給料が増えないのはなぜか？　その理由を、現代資本主義の三つの矛盾から説明していきます。議論がわかりやすくなるように、あらかじめ枠組みを示しておきます。

要因①―サービス残業

最もわかりやすいのは賃金不払いのサービス残業です。本来は支払うべき残業代を支払わない。これは搾取そのものです。

こんなわかりやすい搾取がバブル崩壊後の20年間は非常にわかりやすい形で起こりました。最もひどいケースは過労死です。一時期問題になった「すき家」の一ヶ月500時間労働などがそうです。一ヶ月＝30日で土日休むことなく働くとしても、500÷30で一日平均で17時間近く働くことになります。労働基準法を遵守すれば一日8時間・一週40時間労働ですから、一ヶ月の労働時間は160時間です。残業代が支払われるのであれば、給料は3倍以上の額になります。もし不払いということであれば、3倍以上搾取されているということを意味します。

「勤労は美徳だ」「働くことでスキルを身につけるのだ」と言っている場合ではありません。サービス残業は搾取の最もわかりやすい形です。その意味では、給料が増えないのは人災です。

景気が悪いからといった偶発的な理由は通りません。

その一方で、すべての資本家が労働者からむしり取ってやろうと考えているわけではありません。良心的な資本家はたくさんいます。また、名ばかり資本家の中小零細企業の社長の生活は本当に苦しい。大昔と違って、簡単に資本家と労働者に分類できない複雑な時代になっています。

こういう複雑さが念頭にあって、資本主義の構造を知りたいというニーズは高まってきています。「自分の生活が苦しいのは自分のせいではなく、構造的なものではないか」と疑っている人が増えているからです。

要因②──経済成長率の低下

景気循環であるとすれば、あまりにも底が長いと一般庶民は感じているのです。エコノミストは景気が回復しているとか、株価が上がったとか、数ヶ月毎にあたかも経済情勢が変化しているように言いますが、1990年代に長期不況に入ってから、日本は経済成長していません。

次の図3-1を見てください。この20年間の経済成長率を示したものです。ほとんど経済成長をしていないことが見てとれます（なお、平成21年に大きく落ち込んだ後回復してまた落ち込むなど不安定化しているのは平成20～21年のリーマンショックの影響です）。配分できるパ

図3-1　日本の実質GDP成長率及び名目GDP成長率の推移

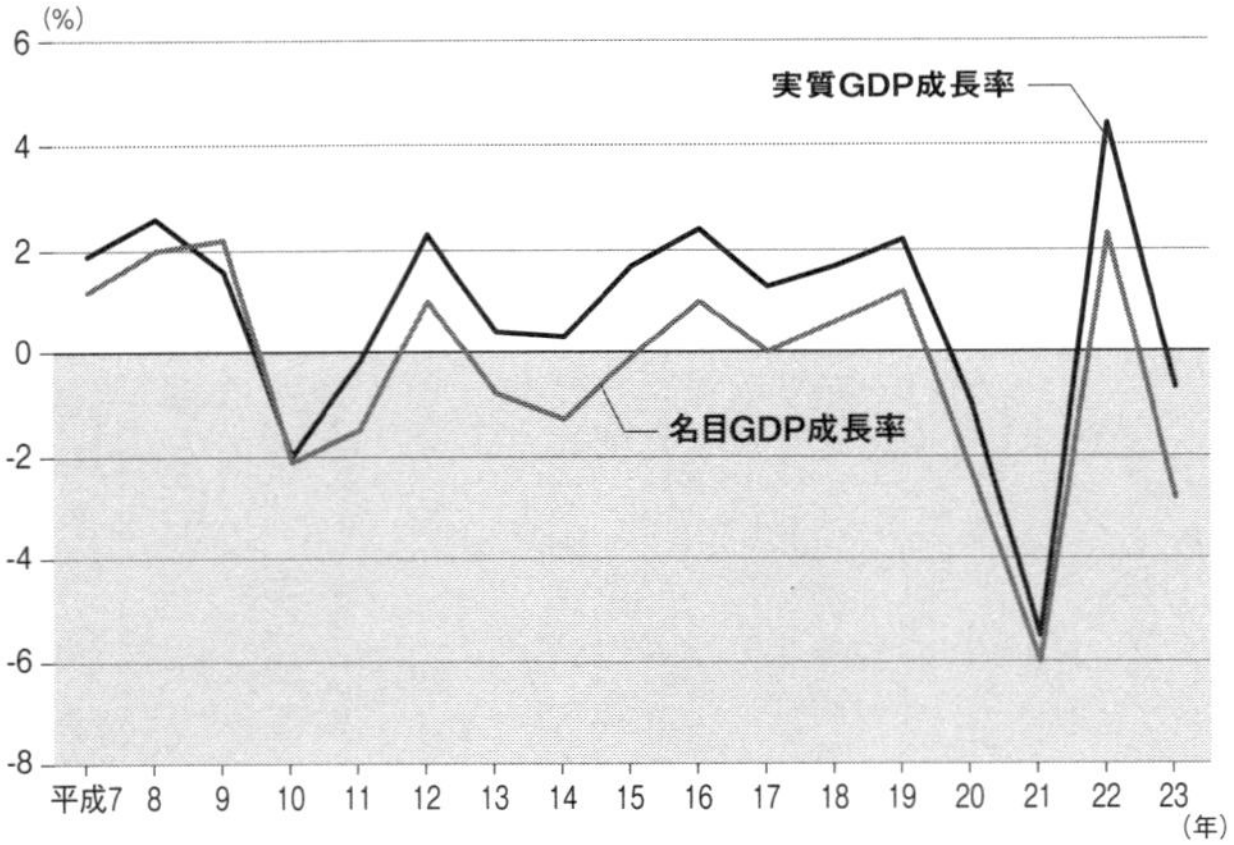

出典:「情報通信白書」(平成24年版)

イ自体が小さくなっているわけですから、給料が増えないのは当たり前です。それに伴い、国民全体の生活レベルが落ちていきます。

経済成長率は伸びていないのに、仕事は尽きずサービス残業の毎日。この矛盾した状況が同時並行で進んでいることを、どんな人でも自覚しているわけです。「もっと努力しろ」「もっとモチベーションを保て」と言われて、黙々と毎日がんばっているが、何も状況が変化しない。何かがおかしいという皮膚感覚があるわけです。

要因③—格差社会

ただし、搾取されているんじゃないか……という疑念や恨みがどこかで根深く残っているのは、現代が格差社会と言われるほど貧富の格差が拡大しているからです。なぜこのような格差社会になったのかというと、グローバル化やIT化、自由競争の激化など様々な要因が考えられます。

サービス残業をやらせる社長が儲けているかどうかはともかくとして、ソフトバンクの孫正義氏、ユニクロの柳井正氏、楽天の三木谷浩史氏など大富豪が誕生している一方で、国民健康保険料を支払えず医療を受けられない、生活保護に頼らざるを得ないという貧困層が増えている。「資本主義は行き詰まっているというが、現実に儲けている人がいるじゃないか？」と考えると、自分が搾取された分が誰かの懐に入っているのでは、という疑念が生じるのはやむを得ません。

ちなみに、資本主義システム自体がどうも行き詰まりを迎えているのではないか、というのはここ最近のホットなトピックです。また、ごく少数の富裕層にどんどん富が集中しているのではないかというのは、フランスの経済学者トマ・ピケティの大著『LE CAPITAL au XXIE siècle』の英訳『CAPITAL in the Twenty-First Century（21世紀の資本）』(Harvard Univercity Press) が大きな話題になっていることからもわかります。米国で発売されるや、米欧の言論界の話題をさらっています。このような大著がここまで注目を浴びること自体、いかに格差問題についての関心が高まっているかを示しています。

マルクスの『資本論』が再び注目されるワケ

いかにあなたが資本家に搾取されているかを説明するに当たっては、資本主義のメカニズムを詳細に分析したK・マルクスの大著『資本論』を基本にします。ただ、『資本論』は非常に難解な書物です。私も学生時代に少し読みましたが、かなり苦戦しました。よって、ドイツ語の資本論の原典を説明するには能力不足です。

そのため、ここでは資本論を解説したいくつかの資料や文献（以下、「二次資料」と呼びます）に基づいて、あなたの給料がなぜ増えないのかを説明したいと思います。主に引用する二次資料は世界的ベストセラーになっているデヴィッド・ハーヴェイの『〈資本論〉入門』（森田成也・中村好孝訳、作品社）です。

今、マルクスの「資本論」が再評価されています。書店に行っても、マルクスの資本論を解説する本がたくさん置いてあります。冷戦が終結しソビエト連邦が崩壊して以来、大学でもマルクス主義を研究する学者が減ったと言われていました。なぜなら、それまでの正統性が一気に崩壊したからです。

それにもかかわらず、どうして今頃になって資本論が再び読まれるようになっているのか？

それは資本論が何よりも資本主義のメカニズム解明を目指した本だからです。共産主義や社会主義の解説ではなく、資本主義はどういうメカニズムで動いているのかを解明しようとしているからです。資本論は難解でなおかつ膨大で、分析事項も多岐にわたります。そのため、ここでは「給料がなぜ増えないのか？」に絞って説明したいと思います。そこで覚えておくべきことはたった一つ。それは「剰余価値」という言葉です。

剰余価値を生み出す資本主義システムの不思議さ

資本主義の搾取のメカニズムをわかりやすい事例に基づきながら説明しましょう。従業員500人の中小企業があったとします。この会社はお菓子を作って売っており、社長は叩き上げの創業社長ですべてをワンマンで決めているとします。「会社の売上」－（「従業員の給与」＋「設備投資＝機械の代金」）＝「会社の利益」＝「社長の儲け」という単純な構造になっています。社長は株主でなおかつ経営者。大企業のように株主と経営者が分離しているわけではありません。そのため、売上からコストを引いた利益はすべて経営者の取り分です。

彼が会社を創ったのは儲けるためです。それでは、彼はどうやって儲けるのか？

他の会社との取引を通じて儲けるのでしょうか。小売店を騙して少し高めに価格を設定して売りつけて利益を得ることは可能ですが、こういう儲け方は長続きしません。騙されたとわかると、次は取引してもらえないかもしれないからです。長い目で見ると、資本家同士が騙し合っていては資本主義は持続しません。また、資本家同士の騙し合いが多ければ、誰も社長になろうとは思わないでしょう。基本的に、社長は労働者より儲かるからこそ誰でも社長になりたがるのです。

それでは、どうやって社長は利益を叩き出すのか？　もうおわかりかと思いますが、社長が儲けるのは取引を通じてではなく、お菓子を作る過程で儲けるのです。この儲けが「剰余価値」です。機械や工場や労働者を使って100円のコストで作ったお菓子を150円で売るとします。この差額の50円が剰余価値であり、社長の儲けです。何の利益も求めず、社会貢献したいのであれば、100円で売ればいいのです。しかし、そんなことをする社長はいません。

剰余価値を理解するポイントは、取引先を騙して150円の値段をつけているわけではないところです。結論から言えば、労働者に余計に働かせて50円分を叩き出しているのです。

機械を使う代金が30円、工場を動かす代金（光熱費など）が50円として、労働者は一生懸命に手足を動かしてお菓子を作っている。そのコストは70円であるにもかかわらず、労働者には20円しか支払わない。つまり、労働者から50円搾取しているわけです。これがマルクスの考え方です。

なぜ、労働者から搾取するのか？　それは労働者しか搾取するところがないからです。お菓子は機械と工場という「不変資本」と労働者という「可変資本」から作られます。機械や工場に感情はなく、資本家の求めた通りに動きます。そのため、かけたコスト分だけの利益をもたらしますので搾取しようがありません。機械はきちんと30円分の仕事をします。よって、不変資本です。

それに対して労働者は人です。気分が乗ればより働くし、不調になれば生産性は落ちます。そのため、労働者を生かすも殺すも資本家の創意工夫次第です。だからこそ「可変」資本なのです。ひどい資本家になると「クビにするぞ」と脅して、長時間のサービス残業をさせて搾取するケースもあります。

あなたを搾取する三つの剰余価値

もちろん、剰余価値はこんな古典的なやり方で生み出されるだけではありません。剰余価値には三つあります。それは絶対的剰余価値・相対的剰余価値・特別剰余価値です。

絶対的剰余価値

先ほどの事例のように労働者を長く働かせて叩き出す剰余価値のことです。土日休みの8時間労働の現代社会からは想像さえつかないかもしれませんが、イギリスで資本主義が始まった頃は、まさに死ぬほど労働者を働かせて搾取して剰余価値を叩き出していたわけです。

相対的剰余価値

経済がどんどん成熟するにしたがって生産性は上がっていき、それにつれて様々な製品も安くなる結果、生活費が少なくてもすむようになるので、労働者自身の給料も安くてすむようになるという剰余価値のことです。その安くなった分だけ剰余価値が高まるというものです。

相対的剰余価値は給料がどういう計算で支払われるのかと密接に関連しています。資本論では、労働者の給料は「労働者の生活費＋α」で支払われると説明します。少し難しい言葉ですが、「労働力の価値は、それゆえ、労働者を一定の生活条件において再生産するのに必要な全商品の価値によって規定される」「労働力価値は、技能の訓練と再生産から、家族の扶養や労働者階級の再生産に至るまで……」（前掲書161－162頁）を考慮に入れて支払われるのが給料ということです。

ものすごく簡単に言えば、あなたが明日もがんばって働こう、と思える程度の生活レベルを維持するのに必要なお金に加えて、簿記や英会話をやっておかないと仕事ができないとなると、そのための自己啓発の費用などがプラスして支払われるということです。そのため、経済が成熟して電化製品や車が安くなり生活維持費も安くなれば、支払う給料も少なくてすむということです。

特別剰余価値

画期的な生産方法などのイノベーションによって高い生産性を達成することで得られる剰余価値のこと。労働者から搾取するのではなく、これまでとは全く異なるシステムで増産を達成するということです。マスコミなんかでは、嘘か誠か、「画期的な仕入れシステムで低価格を実現しました」などと宣伝しますが、あれを想像してみてもらえばわかりやすいと思います。ただし、イノベーションの効果はそれほど長続きしません。なぜなら、他の資本家が真似るからです。

三つの剰余価値を見てきましたが、特別剰余価値を叩き出すのはそれほど簡単ではないし、物価もそれほど劇的に下がるわけでもないことを考えると、資本家としては労働者を余分に働かせて利益を得ようという発想にならざるを得ないということです。

サービス経済下のデフレ不況と生産性

豊かな先進国である日本で、なぜ、このような露骨な搾取(=絶対的剰余価値)が起こるのでしょうか? 様々な要因がありますが、日本経済の構造が製造業からサービス業へと比重を移しているのが最大の理由です。

製造業の工場（肉体）労働であれば、一日の労働時間は非常にはっきりしています。それは、生産ラインの前で作業をする時間です。そのため、定刻を過ぎても生産ラインに立たなければいけないとなると、それ以降は残業ということになります。

また、工場労働の場合には成果物も非常にはっきりしています。2時間残業すれば、その分だけ製品を作ることができます。そのため、残業代を支払う経営者にとっても「なんで残業代を支払わなければならないんだ」という疑念が一切わかない。

さらに、工場労働の場合には肉体の疲労もはっきりしています。過剰に残業を強いると、それだけ肉体は疲れてきますのでミスも起こりやすい。労働者本人も経営者も残業の弊害をはっきりと理解できます。こういうことを考えると、製造業の場合には搾取がやりにくい環境だということがわかると思います。

また、わざわざ露骨な搾取をしなくても資本家には儲ける手段が他にもあるのが大きな特徴です。それは、マルクスの言う特別剰余価値が発生する可能性が大いにあるからです。例えば、画期的な生産ラインの開発といったイノベーションが起きると、これまでとは比較にならないような生産性の向上が見込めます。1時間に100個しか製品を作れなかったのが、5000個作れるようになれば会社の売上は激増します。特別剰余価値が発生するわけですから、労働者から搾取するどころか、彼らの給料を上げてやることも可能になります。

それに比べてサービス業はどうでしょうか？　ショップの店員でも、会社で働くホワイトカラーでも通常の労働時間と残業の線引きは簡単ではありません。なぜなら、一日の労働時間の線引きは非常に難しく、製造業のようにラインに合わせて仕事をするわけではないからです。営業マンの労働時間も業種によって違います。

また、労働の成果物もはっきりしません。たとえデスクに長時間座っていたとしても、ボケーッと何もしていないように見える時間などたくさんあります。新製品の企画を考える仕事などはその典型です。そのため、資本家も搾取している実感がわきませんし、目立った成果でも上げない限り、労働者側にも搾取されているという実感がわきません。

心身の疲れについても同様です。ホワイトカラーの過労死は工場労働の働き過ぎと全く違います。人を相手にするサービス業の場合には、肉体の疲労だけではなく、人間関係で心が疲れます。しかし、心の疲れは人それぞれ。肉体の疲れほどの明確さはありません。「あいつは疲れていないじゃないか。お前の甘えだ！」というのが通用しやすいのです。

こうやって考えると、労働時間の線引きと成果がはっきりしないサービス業の場合、サービス残業が増えるのは当たり前です。成果がはっきりしないため、目標は経営者次第の青天井になります。肉体の限界がわかりにくいため、経営者は悪気もなく極限まで働かせてむしり取ろうという発想が強くなります。しかも、人口が減少しているにもかかわらず正社員の雇用を控えたことで人余りの状況が続いたため、経営者は強気です。サービス残業で若者が潰れたら捨てるという発想で経営できるわけです。

そんな状況に加えて、サービス業は簡単に生産性を上げることができません。製造業には画期的な生産ラインの開発という技がありますが、足もみマッサージはどれだけ工夫を重ねても生産性が大きく上昇することはないでしょう。構造的に考えて、製造業に比べてサービス業の生産性は劣るわけです。

生産性よりも「人海戦術」で乗り切ろうとする日本のサービス業

日本のサービス業には、特徴があります。それは人手不足であるにもかかわらず、設備投資をしないで、今抱えている人材でガムシャラに仕事を回そうとすることです。これこそ、サービス残業が蔓延《はびこ》り、給料や生産性が上がらない最大の理由なのです。

米国に留学していた頃、友人と頻繁に訪れたバーでの出来事です。スパイシーチキンがおいしい店でしたが、今から20年前でさえ、すでにＩＴで顧客の注文や座席の管理をしていました。それによって店員は少なくてすみますし、生産性も上がります。

それに対して、日本のサービス業ではこのような生産性向上の取り組みが少ない。設備投資をして生産性を向上させるのではなく、とにかく従業員を働かせるという人海戦術をとるところが多いからです。IT化すれば1時間ですむ作業があったとしても、設備投資をせずに、従業員を徹夜で働かせて、その場を凌ぐということを繰り返してきたわけです。「すき家」の500時間労働はその典型です。店を統合したり、厨房の省力化を行えば、500時間も働かせずにすんだはずです。

正社員の長時間労働は問題になりましたが、実際には学生アルバイトや非正規労働者のように、責任が軽くて労働条件が不安定な人も犠牲になったケースは多いはずです。

人手不足であるにもかかわらず、どうしてこういう人海戦術が可能になるかというと、労働力人口の多さに加えて日本特有の空気や義理人情、日本人の真面目さなどが大きく影響しています。涙目の経営者から「頼むよ。君に残業してもらわないとどうしようもないんだ……」と言われて、無茶苦茶な働き方をさせられたという経験はありませんか?

「すき家」の労働環境改善に関する第三者委員会の報告書は、アルバイト用のアンケートにおいて「断る事が苦手な人や優しい人達などが酷いシフト状態になっているのを目の当たりに見る。休み無し家にも帰れず、車また店舗の更衣室などで寝ているのも見た。はっきり言って異常な光景だと思う」との回答があったと指摘しています。人手不足の中で、気の弱い人や真面目な人がサービス残業で追い詰められている実態がよくわかります。

しかも、この種の事例は非正規労働者のような弱い立場の人に限りません。私は兵庫県立大学大学院の応用情報科学研究科の教授をしていて、卒業生にはIT系の会社に就職する大学院生が多かったのですが、彼らはしきりに「IT土方」という言葉を使っていました。米国では給料が高いコンピューター系の仕事ですが、日本ではIT系の労働者でさえこき使われてきたのです。図3-2は日米のIT人材の賃金や満足度を比較したものですが、アメリカの方が圧倒的に高いことがわかります。

最も悲惨な事例は「名ばかり店長」です。管理職としての仕事が多いのに、残業代や役職手当をもらえないというものです。働いても働いても仕事は終わらない。ウツや過労死に至るまで働く。こういうことが許されたからこそ、日本のサービス業は人手不足にもかかわらず、低い賃金で労働者をこき使えたのです。また、こういうことを許したからこそ生産性が上がらないのです。本来は搾取と低い生産性が密接に関連することを経済学者などは指摘すべきなのですが、私の見聞の限りでは、この部分にフォーカスしながら議論を展開している著名人はあまり知りません。

それにしても、なぜこういうことが許されたのか？　理由としては、労働契約がしっかりし

図3-2 IT人材の賃金・満足度の日米比較

日本におけるIT人材の相対賃金はアメリカと比べ低く、相対的満足度も低い。

1.日米のIT人材の賃金

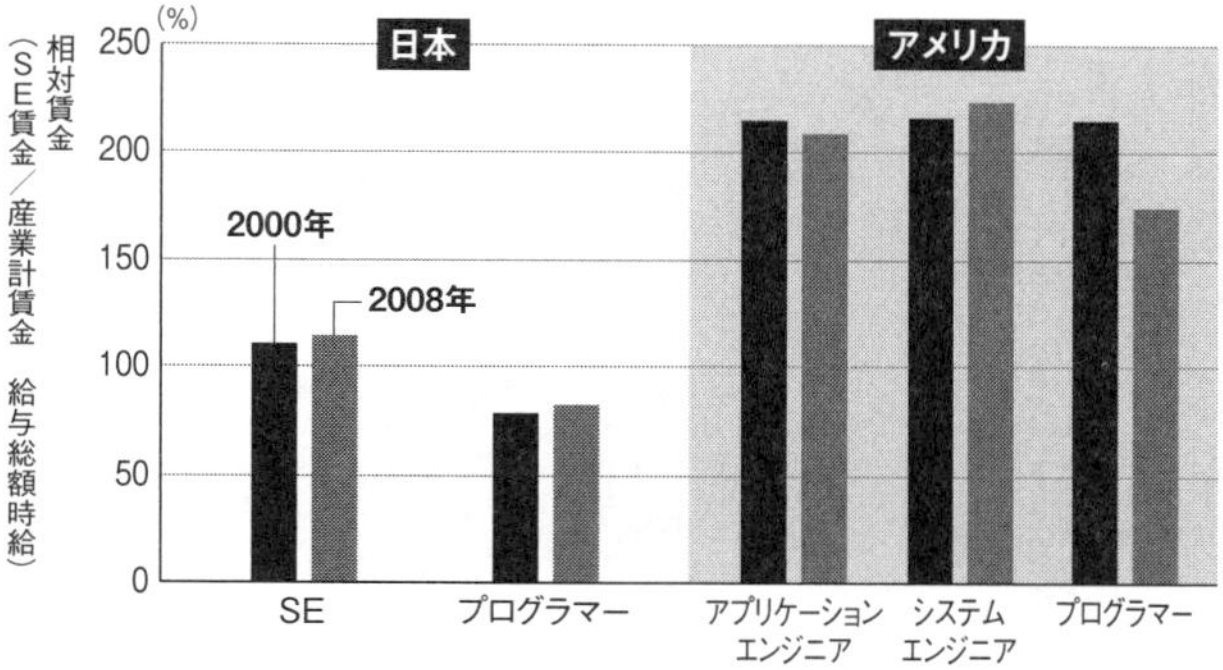

2.日米のIT人材の満足度

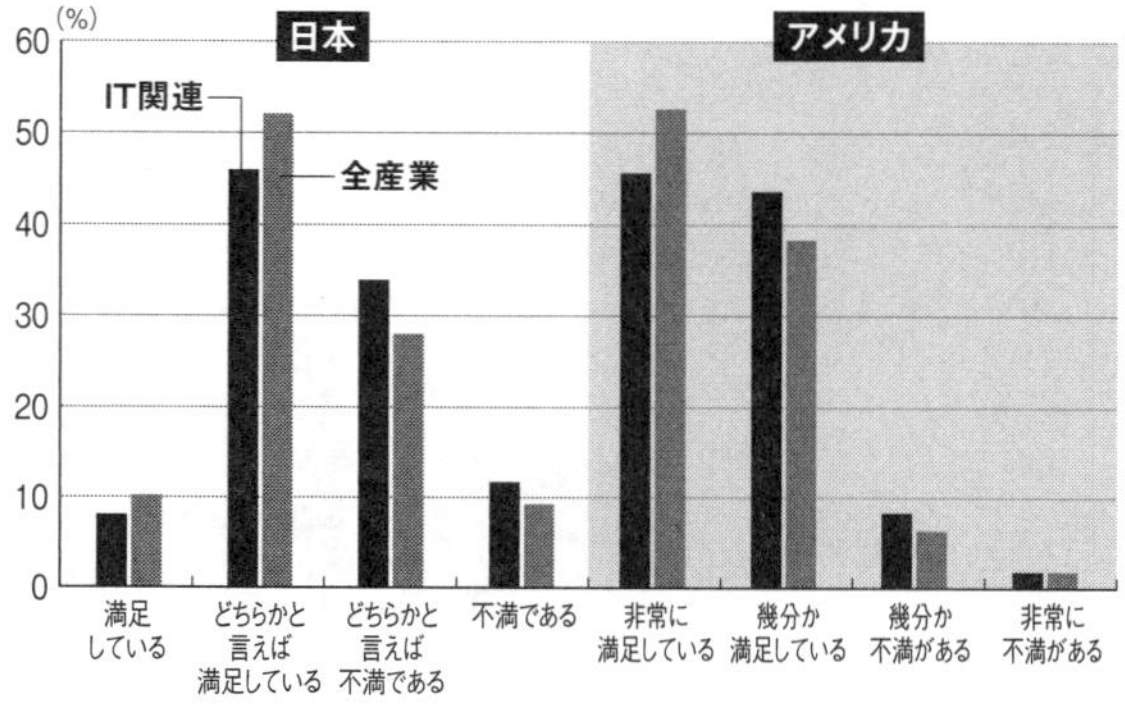

備考

1. （上図）厚生労働省「賃金構造基本統計調査」、BLS「Occupational Employment and Wages」により作成。
2. （下図）左図は独立行政法人情報処理推進機構「IT人材白書2009」、右図はNational Science Foundation“Science and Engineering Statistics”により作成。
3. IT人材白書におけるIT関連人材は、システムインテグレーション、ソフトウェア開発や電子製品の製造、通信サービスの提供に従事するソフトウェア系技術者のことを指し、同分野で働く社会人を対象として調査を行った。
4. “Science and Engineering Statistics”はアメリカの科学、工学分野の大卒者、もしくは同分野で働いている者に関する統計（医療分野は博士課程まで修了した者のみ含む）。

出典：内閣府「年次経済財政報告」（平成22年度）

ていないこと、労働組合が弱いこと、労働時間に対する規制が緩いことが最大の要因だと思います。実際、欧州などは残業に対して非常に厳しい規制をとっていて、それに比べると日本の規制は緩すぎると言えます。さらに根深い理由がありますが、それについては後述します。

以上のような理由から、サービス業が中心になると、絶対的剰余価値という搾取が蔓延りやすくなるのです。だからこそ、マルクスの資本論が現代の日本で説得力を持ち始めているのです。ハーヴェイは「……時間こそ資本主義における本質的なものだということである……」（前掲書213頁）と指摘していますが、今ほどサービス残業というわかりやすい搾取が問われている時期はないと思います。

それにしても不思議なのは、大半の日本人が労働力商品として売買される立場であるにもかかわらず、誰一人として異論を唱えることなく、理不尽なサービス残業を受け入れてきたことです。

資本主義が成長しないという悪夢

「搾取されるから給料が安い」ということだけでは納得がいかない、という人もいるでしょう。資本家が労働者を搾取しているとしても、企業が利益を上げていれば、労働者の取り分は増えるという反論です。たとえ搾取されたとしても、企業が利益を上げているのであれば、給料は上がっていくはずです。そう考えると、給料が上がらない背景には、搾取以外にもう一つの理由を探さねばなりません。

そのもう一つの理由とは、資本主義が成長していないということです。当然のことながら、個々の企業も成長するわけがない。

それでは、どうして資本主義が行き詰まっているのか？　ここでは水野和夫氏の『資本主義の終焉と歴史の危機』（集英社新書）で展開されている仮説に依拠しながら、そのメカニズムを説明しましょう。

水野氏は、資本主義はもはや成長しないと言います。簡単に言えば、システム自体が行き詰まっているということです。マルクスのように資本主義が矛盾で崩壊して共産主義に取って代わられるとは主張していませんが、もはや成長しないことを受け入れるべきだということです。

なぜ資本主義はもはや成長しないのか？　その根拠としてあげられているのが国債の利回りです。国債とは政府の借金のことです。現代国家はどこでも社会保障が充実していますが、それを税収でまかなっているところなどありません。社会保障のためのお金が足らないからといって、増税に賛成する国民などいないからです。

そのため、どこの先進国でも政府は借金をして社会保障などのサービスを行いますが、その借金をまかなう手形が国債です。もちろん、誰かが買ってくれることが大前提です。そのため、政府は国債に利子をつけます。例えば、額面100万円の国債を発行して、それに利子を2％つけ、2万円を足した102万円を返す計算となります。利子をつけて、国債を何とか買ってもらおうとするわけです。

そもそも、国債は売れるのか？　結論から言えば、よく売れます。なぜなら、政府が発行しているため、不渡りになる確率が低いからです。

民間企業の株式は不安定です。民間企業が倒産すれば株券は紙くずになります。それに対して政府は倒産しません。よって、国債の信用度は高いのです。安定資産と呼ばれる所以《ゆえん》です。国債は定期預金と同じで満期が決まっています。例えば、10年物であれば、毎年2％の利子をもらえた上で、10年後には100万円を返してくれるという仕組みです。なお、国債は市場に流通していて取引されていますので、その都度利率が変動します。厳密に言えば、利子率ではなく国債の価格が変わるのです。100万円で売り出したとしても、政府の信用がなくなり人気が落ちれば額面が下落します。

国民の生活に大きな影響を与える長期金利の利率

前置きが長くなりましたが、なぜ、国債の利率が重要なのか。それは、長期金利を大きく左右する指標だからです。住宅ローンを組むにしても、株式に投資するにしても、お金の貸し借りや投資の基本となるのは金利です。金利の種類には短期金利と長期金利があるのですが、国債の利率は長期金利の利率に大きな影響を与えます。

短期金利とは日々変動する短期の金利のことです。例えば、金融機関同士がお金の貸し借りを行う時の利率がそうです。金持ち銀行もいれば貧乏銀行もいるので、銀行同士が貸し借りをするわけです。ただ、銀行を潰すわけにはいきませんから、日本銀行が様々なてこ入れをしながら短期金利に影響を与えます。重要ではありますが、我々庶民にはそれほど深いかかわりはない金利でしょう。

それに対して、長期金利とは長期間固定される金利だと考えてください。こちらは庶民の生活に大きな影響を与えます。なぜなら、教育ローンでも住宅ローンでも、工場を作ったりする時の投資資金にしても、多くの人は長期の視点で金利を考えるからです。

国債は一般的に長期で取得するものです。株式のように毎日売買する人はいません。個人向け国債は、満期が最も短いものでも3年です。そのため、国債の利率は長期利率を示していると言われるわけです。つまり、10年物の国債の利率が低ければ、10年後も利率は低いと見なしている人が多いということです。

例えば、今手元に１００万円あるとします。銀行に預金するか、誰かに貸し付けるか、株式に投資するか迷っているとします。この時、判断基準は様々ですが、一攫千金を求める人でない限りは、どこが最も利率が高くなるかを計算するはずです。それと同時に経済状況も考えるでしょう。

仮に、世の中がものすごく不安定で物価が急激に上下する（インフレ・デフレ）と予想すれば、10年物の国債なんて買わないでしょう。あらかじめ利率が２％と決まっていれば、損をするのは明らかだからです。それなら利率がもっと変動しやすいものに投資した方が得です。逆に言えば、10年物の国債を買う人が多いということは、10年先の経済状況や物価も大きく変動していないと考えている人が多いということです。

今現在の日本では国債は売れていて、しかも、利子率は低い。これをそのまま解釈すれば、長期で見ても金利は低いままだ、と多くの人が予想しているということになります。

国債の利率が上がらないという恐ろしい現状

我が国では、国債の利率が長い間、低いままになっています。通常、借金が多くなれば国債の信用度は落ちます。日本の場合ですと、今や政府（中央政府と地方公共団体）が抱える借金は1000兆円を超えています。図3-3のように国際比較すればすぐわかりますが、日本政府の借金は飛び抜けて多い。それにもかかわらず、国債の利率は低いレベルにとどまっています。政府は倒産しませんが、事実上の倒産である財政破綻の可能性はあります。もはや累積した借金は返せないという状態になれば、誰も日本国債を買わなくなるからです。もしくは「国債を持っていると危ない」と思って、多くの人は国債を売ります。そうなれば、国債の利率が急上昇する危険があると言われ続けているのです。1000兆円も借金があるわけですから、1％利率が上昇するだけで10兆円の利子を支払わなければいけません。日本の現在の税収は平成24年度で40兆円くらいです。10兆円は25％の比重になりますので、財政破綻が現実に起こり得ます。

なぜ、1000兆円も借金があるのに国債の利率が上がらないのか？ その理由としては主に二つあげられます。

一つは、日本に1000兆円を超える資産があることです。いざとなれば増税して借金は返済することができる。そのため、1000兆円の借金があっても破綻しないという理屈です。

もう一つは、政府の国債の大半は日本の金融機関が所持していることです。ギリシャのように外国に買ってもらわないと国債を消化できないのとは事情が違うということです。日本人が

図3-3　債務残高の国際比較（対GDP比）

債務残高の対GDP比を見ると、90年代後半に財政健全化を着実に進めた主要先進国と比較して、我が国は急速に悪化しており、最悪の水準となっています。

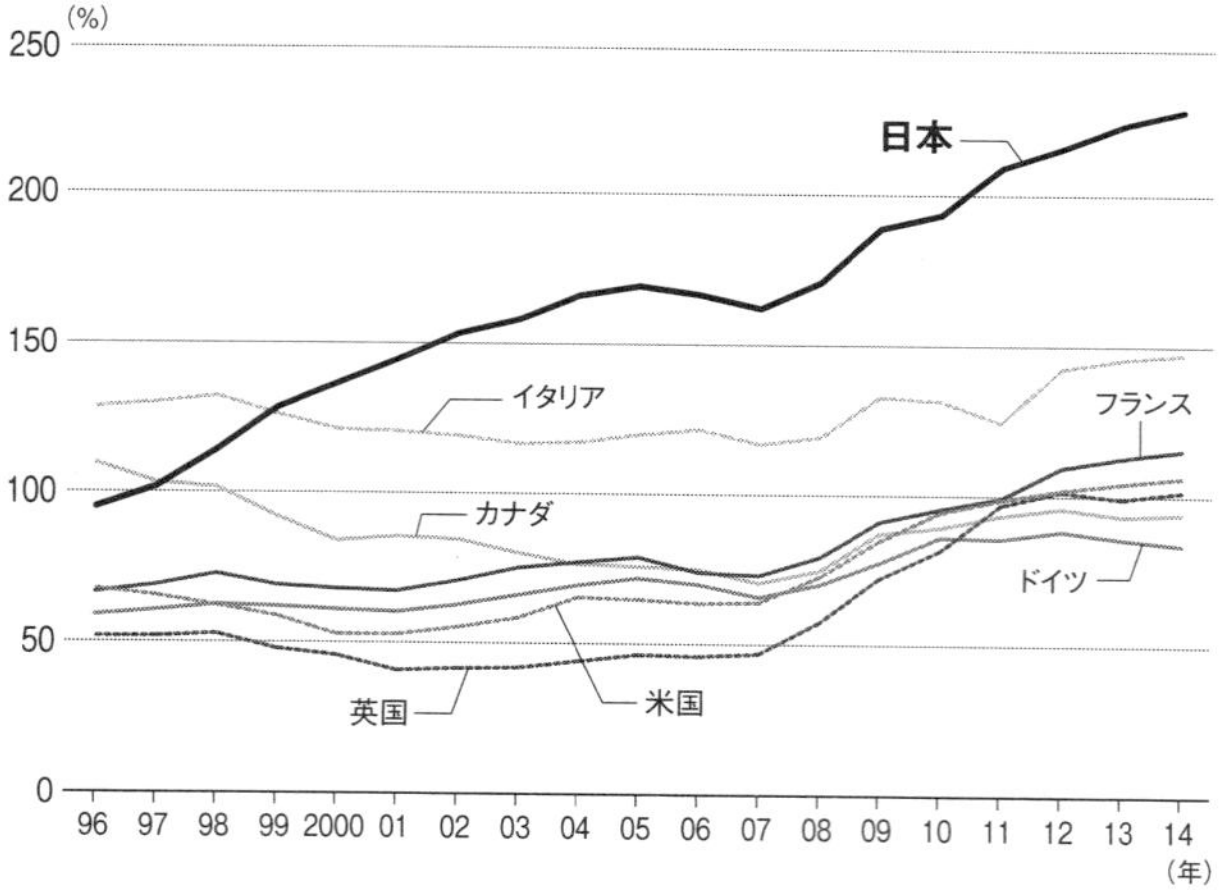

(%)

（年）	1996	1997	1998	1999	2000	2001	2002	2003	2004	2005
日本	95.1	101.7	113.8	127.9	136.1	144.4	153.5	158.3	166.3	169.5
米国	67.6	65.3	62.1	58.6	52.7	52.7	55.1	58.3	65.2	64.6
英国	51.7	51.8	52.7	47.9	45.8	41.0	41.7	42.0	44.2	46.4
ドイツ	58.8	60.4	62.3	61.8	60.8	60.1	62.5	65.9	69.3	71.8
フランス	66.4	68.9	72.8	69.0	67.8	67.1	70.7	75.2	77.2	79.0
イタリア	128.1	129.6	131.8	125.7	120.8	120.1	118.8	116.3	116.8	119.4
カナダ	109.4	103.1	101.6	92.2	84.2	85.7	84.8	80.3	76.5	75.8
（年）	2006	2007	2008	2009	2010	2011	2012	2013	2014	
日本	166.8	162.4	171.1	188.7	193.3	209.5	216.5	224.6	229.6	
米国	63.4	63.8	72.6	85.8	94.6	98.8	102.1	104.3	106.2	
英国	46.0	46.9	57.3	72.1	81.7	97.1	101.6	99.3	101.7	
ドイツ	69.8	65.6	69.9	77.5	86.2	85.8	88.5	85.9	83.9	
フランス	73.9	73.0	79.3	91.4	95.7	99.3	109.3	112.6	115.1	
イタリア	121.2	116.5	118.9	132.4	131.1	124.0	142.2	145.5	147.2	
カナダ	74.9	70.4	74.7	87.4	89.5	93.6	96.1	93.6	94.2	

※数値は一般政府ベース

注
本資料はOECD“Economic Outlook 95”による2014年5月時点のデータを用いており、2014年度予算の内容を反映しているものではない。

出典：OECD“Economic Outlook 95”（2014年5月）、財務省ホームページより

持っているのだから、何かと日本政府の影響も及びやすいので安定しているという理屈です。

どちらももっともな理由ですが、国債の利率＝資本利潤率という視点から見れば、全く違った風景も見えてきます。国債の利率が低くなっているということは、日本の借金のマイナスを補うような要因があるからではなくて、国債以外に魅力的な投資先がないことを意味するからです。みんな仕方なく国債を買っているということです。

しかも、国債の利率が低いということは、世の中にそれほどの儲け話もないということを意味します。

次の図3-4を見てください。10年物の国債と利潤率（投下資本事業利益率）などの動きを示したグラフです。線が同じ動きをしていることがよくわかります。

10年物の国債の利率は長期金利の指標です。そのため、金融機関が企業に投資資金を貸し付ける時には、10年物の国債の利率を基準にします。そのままの利率では金融機関は儲かりませんから、そこにいくらか上乗せして利率を設定します。その一方で、資金を借りる企業側は銀行が設定した利率以上に利潤を出さなければ潰れてしまいます。この三つの関係を考えれば、三つの線が同じ軌道を描くことは明らかです。

話の核心はここからです。三つのグラフの基点は国債の利率です。これが低いということは、資本の利潤率も低いということです。もし利潤の高い仕事がたくさん転がっているのであれば、

図3-4　投下資本事業利益率、10年国債利回り水準および実質GDPの推移

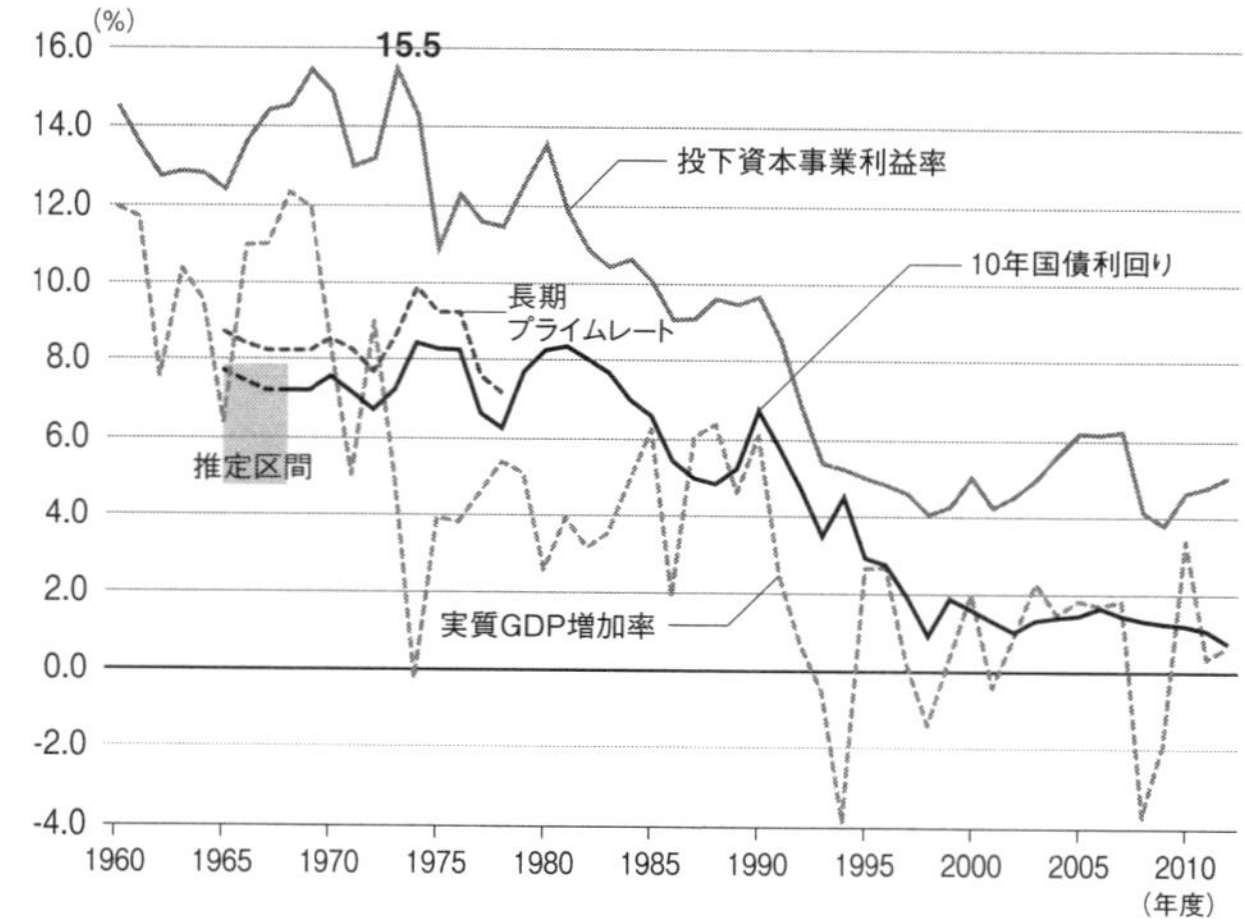

出所
法人企業統計（全産業、全規模）から大和総研作成　計算式は次の通り

$$投下資本事業利益率（\%）= \frac{事業利益（経常利益+支払利息）}{投下資本（資産合計-現金預金-A）} \times 100$$

Aは売掛債権（売掛金＋受取手形＋棚卸資産）と買掛債務（買掛金＋支払手形）のいずれか小さいほう

出典：大和総研経営コンサルティング部　鈴木文彦「平均利潤率の低下と政府債務の膨張の先にある官民連携（PPP／PFI）戦略の必然性」（平成26年）

銀行だって利率を上げるでしょうし、そうなれば国債の利率も連動して上がります。国債の利率を基点にして、長期金利や金融機関の貸し付け利率が低いということは、それだけ世の中に儲け話がないということです。

　資本主義の基本は、資本を投下して利潤を得て拡大していくことです。この利潤が極端に低いということは資本主義が行き詰まっているということです。

　今の日本に当てはめて考えてみると、何となく納得でき

るところはないでしょうか？　住宅も自動車も家電製品ももはや各家庭に行き渡っている。詐欺まがいの儲け話はあるのかもしれませんが、真っ当な企業が飛びつくほど利ざやの大きな儲け話はない。そのため、企業は資金ばかりをため込んで、これを一向に使おうとしない。ため込んだお金は金融機関を通じて国債の購入に充てられる。こういう構造になっているわけです。

日本資本主義の行き詰まり

資本主義危機論が説得力を持ち出しているのは、我々庶民の皮膚感覚もあるかもしれませんが、歴史も大きな根拠です。水野氏の書籍で取り上げられているのは、17世紀初頭のイタリア・ジェノバです。この時期、ジェノバでは金利2％を下回る時代が11年間続きました。資本主義がダイナミックに動いていれば、利率は上下するものであるにもかかわらず、利子率が低くへばりついたまま。この時期、イタリアでは投資がすでに隅々まで行き渡っていて、もはや投資するところがない。そのため、「利子率革命」と言われるほどに、長期間にわたって低い利率が続いたのです。現在の先進国経済はこの時期に似ているというのです。

資本主義はどうして行き詰まってしまったのか。引き続き、水野氏の著書を参照しながら説明することにしましょう。大きな理由としては二つあります。

まず、交易条件が悪化したことです。簡単に言えば、資源の価格が上がってモノ作りが儲からなくなったのです。先進国が製造業で利益を得ようと思えば、石油などの天然資源を安く仕入れて、工業製品を高い値段で売るのが一番です。しかし、１９７０年代の二度にわたる石油危機でそういうことが許されなくなったというわけです。

もう一つは、先進国が搾取できる国がなくなったことです。資本主義は常に「中心」と「周辺」の二つが必要です。国内において資本家が労働者から搾取するように、中心の先進国が周辺の途上国から搾取するという「中心―周辺理論」です。

中心である欧米の先進国は、周辺を収奪してフロンティアを広げることで利潤を上げてきたわけです。イギリスの植民地支配などは相当なものです。植民地から資源を吸い上げる。吸い上げた資源で製品を作って植民地や本国で売りさばく。原材料費がタダに近いのであればぼろ儲けです。そうやって資本主義が適用される地域を広げてきたわけですが、中国やロシアもこのシステムに参加した今、新たなフロンティアは残っていません。もはや地理的には拡大する空間がなくなったということです。

こういう二つの条件があって、製造業を中心とした資本主義は少なくとも１９７０年代から行き詰まりを見せ始めたということです。もはや実体経済において投資をして利潤を得られるフロンティアがないのです。

行き詰まった資本主義が目指したのが金融領域です。産業構造が最先端の米国経済はもはや投資する先を失ってしまい、行き場を求めて実体経済から金融経済にシフトしたわけです。世界中から大量の資金を集めては、それを住宅・一次産品などに投資して、目先の利益を追い求める。そういう実体のない金融経済ができ上がってしまったわけです。その結果、かつてに比べてバブルが発生する確率がものすごく高まり、昨今は四六時中、バブルが発生しては破裂しています。

しかも、バブルの崩壊によって苦しむのはきまって貧困層や中間層です。投資で生計を立てている投資家ではありません。例えば、金融バブルの崩壊で銀行や証券会社が破綻すれば、その救済に巨額の公的資金が使われます。人々から広く重く税金を取り、生き残った人々の富を増やしていくのです。

見えてきた資本主義の正体

これまでのことをまとめると、あなたの給料がなぜ増えないのか、その理由の一つがなんとなく見えてこないでしょうか。話を整理する意味も含めて、この章の最後にまとめておこうと思います。

あなたは資本家に搾取されていて、サービス残業は最たるものです。働いた分の給料を支払っていないわけですから、これほど露骨な搾取はありません。なぜ、露骨な搾取が起こるかと言えば、サービス産業化が進んだことが大きな要因と述べました。

製造業の工場労働と違って、サービス労働やホワイトカラー労働は時間の区切りが難しいため、どうしても労働時間は長くなります。

それに加えて、サービス産業は労働の成果物もはっきりせず、どこまでやれば給料分に見合うのかなどの目安がありません。そのため、強欲な資本家はどこまでも要求してきます。労働者も「怠け者」「給料泥棒」と言われるのが怖くて、極限まで自分を追い詰めようとします。

こういう状況をよく理解する必要があります。「努力が足りない」「もっとポジティブになれ」という言葉に騙されてはいけません。努力や成果は人それぞれ。全くの怠け者は別ですが、人並みにがんばっているのであれば何も気にすることはない。

その一方で、資本家にも同情すべき余地があります。なぜなら、資本家はおそらく労働者以上に働いているからです。経営者の友人が「今月の給料をどうやって支払おうか……」と悩んでいる姿をよく見ます。資本家は自分自身が死ぬほど働いて、会社や借金の返済のことで頭がいっぱいで、労働者から搾取している気など毛頭ないのです。

資本家が苦しんでいるのは、サービス残業をやらせて労働者から搾取しても、それほど儲からないからです。

日本の資本主義は低成長時代に入っていて、儲け話は転がっていない。住宅も車もウォシュレットも各家庭に行き渡っていて、どうしても買わなければいけないものはそれほどない。つまり、それほど資本主義が行き詰まっているということです。

ただし、搾取と低成長で日本の資本主義が行き詰まっているということを自覚している日本人は非常に少ないと思います。なぜなら、「資本家などの金持ちが労働者から搾取する」「製造業中心の資本主義が行き詰まって金融経済に移行して、バブルを連発する」という二つの特徴はアメリカに当てはまっても、誰にでもわかりやすい形で日本に当てはまるわけではないからです。また、当てはまっている部分があったとしても、わかりにくいような形でオブラートに包まれています。

どうして、日本人は搾取と低成長に気づかないのか。日本人を騙しているのはどういう仕掛けなのか。その謎解きは第五章・第六章でやろうと思います。その前に、資本主義のもう一つの矛盾である格差社会に話を進めてみましょう。

第四章　トマ・ピケティの大著『21世紀の資本』から読み解く資本主義の行く末

数%の富裕層にマネーが集中。貧困層はますます拡大の一途を辿っている

第四章では現代資本主義のもう一つのホットなテーマである「格差社会」について論じようと思います。日本経済は成長していないと聞いても、どうも素直になれないのは、ものすごく儲けている人間がいるから。決して全員が落ち込んでいるわけではなく、大富豪が増える一方で、貧しい人も増えている現実があります。

バブル経済崩壊後の20年間で言えば、お決まりのパターンだったのは、起業して会社を作って大儲けする人がいる一方で、リストラでホームレスに転落する人、非正社員としてこき使われる若者といった両極端の事例が続出したことでした。自分の商売の宣伝になると思っているのかつくづく趣味が悪いのか、豪勢な宝石を見せびらかしたりする金持ちには辟易しました。

こういった両者のコントラストを見せられると、我々はどうしても次のような変動が社会で起きているのではないかと想像してしまいます。

わずか数%の富裕層にますますマネーが集中する一方で、中間層からこぼれ落ちて、貧困層に陥る人が増えている。経済が成長していないから貧しいのではなく、経済成長の果実以上を得ている人がいる。しかも、彼らは何らかの形で報われない非正社員などの貧困層から金をむしり取っているのではないか……と。

このような格差の構造がどこよりもはっきりするようになったのが米国です。私は米国のUniversity of Michigan の大学院に2年間留学したことがありますが、デトロイト近くの小さな町にいたので、大都会で繰り広げられる露骨な貧富の差を感じたことはありませんでした。しかし、都会に出れば、恐ろしい速度で貧富の差が拡大していることを実感できました。

人種差別を含めて、米国では少し発言を間違ったりするとDiscrimination（差別）というレッテルを貼られます。そのため、大学でも企業でも人種・性別・年齢についての差別発言をしないように、ものすごく緊張してみんなが過ごしています。

その一方で、米国で進む格差の拡大はもはや差別に近いのではないかと思いました。桁違いの報酬を得て郊外に御殿を建てて、自家用ジェット・クルーズなどを所持する金持ちがいる一方で、デトロイトの町中は職もなくウロウロしている黒人がたくさんいる。何度か町に行きましたが、赤信号で停車すると危ないんじゃないか……そんな恐怖すら感じました。

ただ、不思議で仕方がないのは、米国や日本でも格差の拡大を止めようという動きが緩慢なことです。さすがに今や米国では「反ウォールストリート運動」のように、格差の拡大を食い止めるためのデモなども行われていますが、日本ではそれほど活発ではありません。ただ、1980年代以降、累進税制は緩められて富裕層に対する税金が安くなってきたことは事実です。政府が意図的に金持ちを作ってきたとも言えるのです。

逆に言えば、累進税制を強化することで貧富の格差の拡大を防ぐことができるはずです。それにもかかわらず、どこの国でも格差拡大を防ぐための取り組みが活発化しません。どうしてなのでしょうか？

上位1%の資本家が富を収奪する世の中に変化した

フランスの経済学者トマ・ピケティの大著『LE CAPITAL au XXIE siècle』の英訳『CAPITAL in the Twenty-First Century（21世紀の資本）』はまさに、この格差社会の実態を詳細なデータで証明した本です。「21世紀の資本」と名づけられていますが、マルクスの資本論とは違って難解な言葉で抽象的なことが語られているわけではありません。２００年間の長期データを用い様々な国を対象にして、格差を様々な角度から分析した本です。

これまで「格差拡大反対」と感情的に主張してきたことをデータで証明したところが、この本の偉大なところでしょうか。最初にピケティが結論として述べていることは、資本（土地やビルなどの不動産や株券などの金融資産など）を持つ者はますます豊かになっていく一方で、労働して食べていくしかない労働者はますます貧しくなっていくということです。

長期にわたるデータを観測すると、資本収益率（r）は経済成長率（g）よりも際立って高いことがその根拠です。資本収益率とは、投下した資本がどれだけの利益を上げているかを表す指標です。それに対して経済成長率はGDPがどれだけ増えているかを示します。この二つを比べるとrがgを上回っているのです。つまり、過去に積み上がった資本は生産物や賃金以上の速さで成長するということ。そのため、資本を持つ金持ちは労働者よりもさらに豊かになっていくということです（前掲書571頁）。

父親から都市部の不動産を相続したバカ息子がいたとしましょう。彼は全く努力することなく毎月数百万円の収入を得ることができます。その一方で、いくら頭の良い一流大卒だとしても、経済全体の成長が遅くなっている以上、それほどビジネスで儲けることはできないということです。

田舎の事例で言えば、大型ショッピングセンターに土地を貸して一月に数百万円の賃貸料を得る不労者がいる一方で、学業秀才には働き口さえありません。こういう状況ですから、資産も頭脳もなくて肉体を駆使するしかない普通の労働者が貧困層に陥るのは当たり前です。

ピケティがこのような結論を導くに当たって、どういう側面から格差を分析しているのかを見てみましょう。700頁にわたる同書は全部で四部に分かれていますが、格差問題について分析されているのは第三部です。

ピケティが格差を分析するに当たって使う主要概念は二つです。フローの概念である所得

(Income)とストックの概念である資本＝富(Capital＝Wealth)です。なお、所得については賃金(Wage)かどうかについても分析を加えています。

ここでの分析を総合して言えることは、国によって差があるものの、所得や富の格差がどこの国でも拡大傾向にあるということです。長期のトレンドで見ると第二次世界大戦前は金持ちに富が集中していた格差社会だったのが、第二次世界大戦をはさんで1970年代までは平等化が進んだにもかかわらず、1980年代以降は再び格差が拡大するようになっているということです。特に90年代以降の格差拡大はすさまじいものがあります。

米国の格差拡大の異常さについて

ピケティが示しているデータに基づきながら、世界各国の格差拡大について説明していこうと思います。なお、ここで扱うのは所得の格差です。給料も所得ですし、資産家であれば、自分の持っているアパートやマンションの賃貸料金も所得です。

次の図4－1を見てください。米国の所得の不平等度を示したものです。トップ10分位(Top decile)に属する人達の所得のシェアを示しています。ものすごく簡略化した説明でお許し願いたいのですが、分位とは区切りのことです。トップ10分位に当てはめると、所得を10グループに区切った上で、トップグループに属する人々の所得のシェアを示したものということ

図4-1　米国における所得の不平等度の推移（1910〜2010）

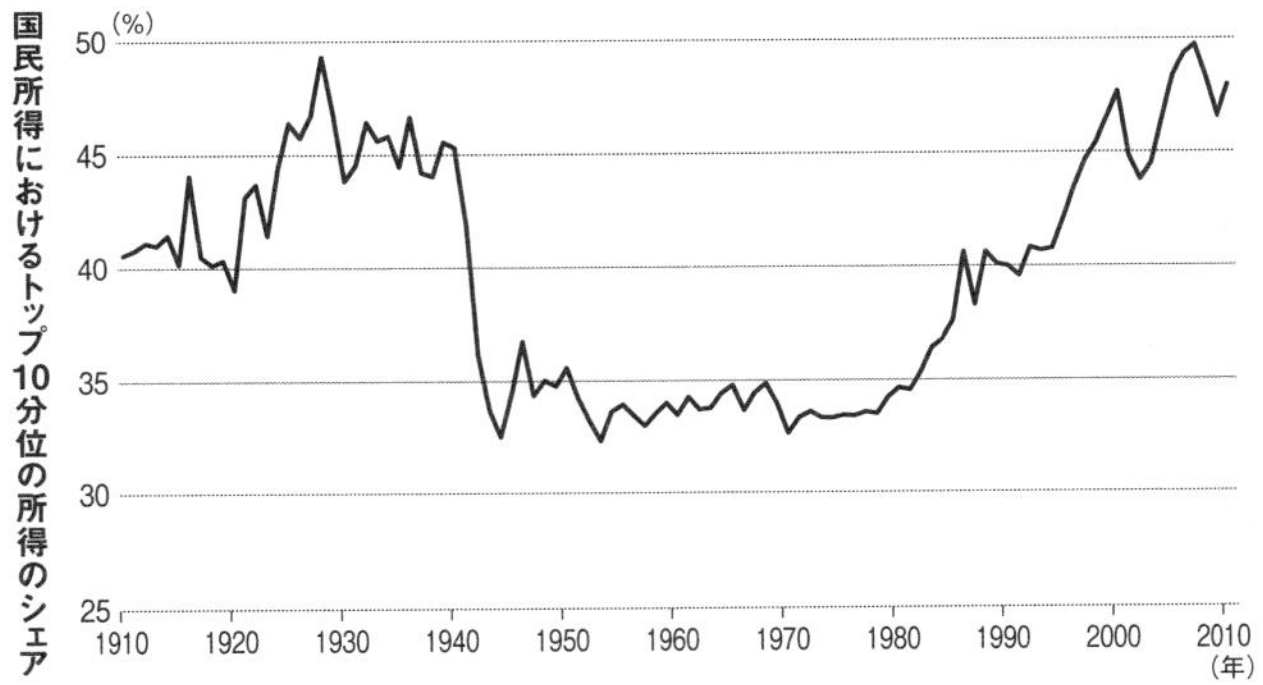

トップ10分位の所得シェアは1910年代〜1930年代にかけて45〜50%あったが、1950年代には35%弱に減少している（これはクズネッツによって裏づけられている）。その後、1970年代も35%弱だったのが、2000年代〜2010年代にかけて45〜50%に上昇している。

出典：『CAPITAL in the Twenty-First Century』トマ・ピケティ著（Belknap Press）24頁

図4-2　アングロサクソン諸国における所得の不平等度の推移（1910〜2010）

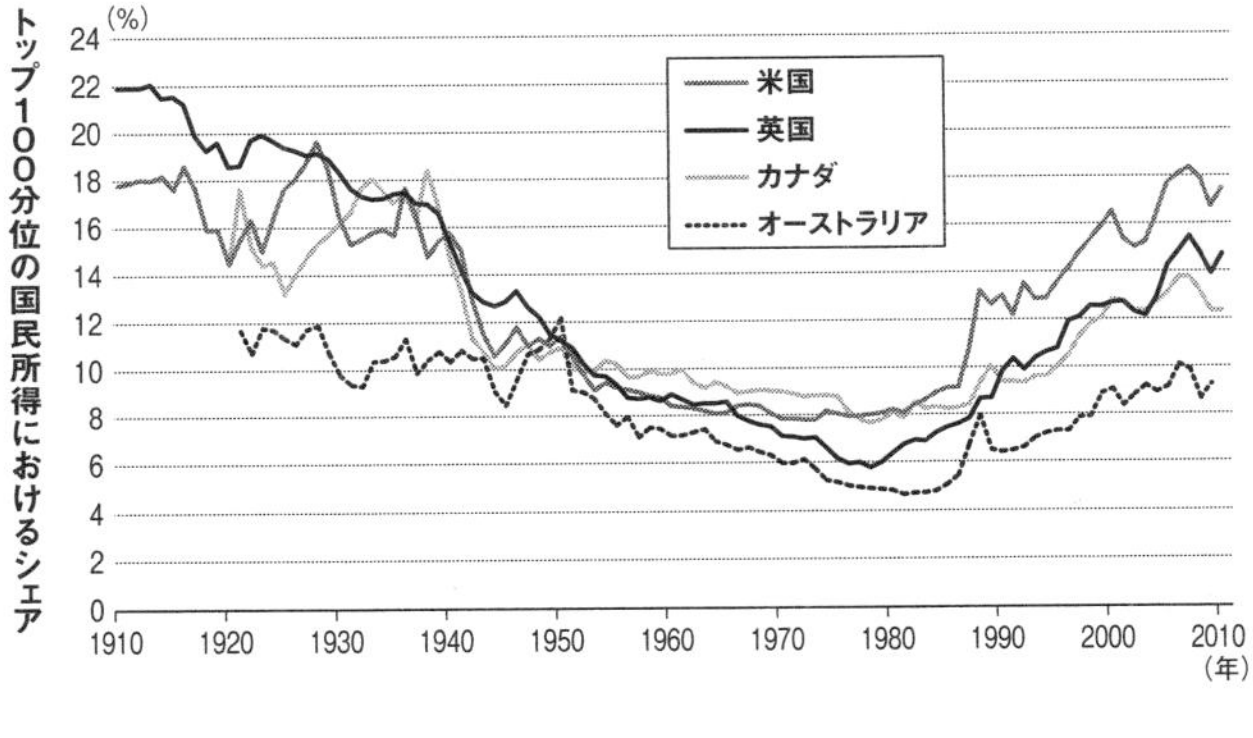

トップ100分位の所得シェアは、微妙な異なりはあるものの、すべてのアングロサクソン諸国で1970年代以降上昇している。

出典：『CAPITAL in the Twenty-First Century』トマ・ピケティ著（Belknap Press）316頁

とです。これを見れば明らかですが、1980年代以降、明らかに富裕層のシェアが上がっています。

その一方で、米国だけでなくどこの国を見ても同じ軌道を描くのですが、1940年代〜1970年代まではトップ10分位の所得シェアが落ちています。一定のシェアで安定していて社会がものすごく平等だったことがわかります。この平等を作り出したのは第二次世界大戦であり、戦後に形成された先進国の福祉社会です。ピケティも指摘しているように、20世紀の二度の世界大戦は過去を消し去り、資本投下によって利潤を得るということができなくなったということです（前掲書572頁）。

改めて米国以外の国の所得格差をチェックしておきます。図4-2、4-3、4-4はTop percentileのお金持ちの所得のシェアを示したものです。図4-2はアングロサクソン諸国、図4-3はヨーロッパ大陸と日本、図4-4は北ヨーロッパと南ヨーロッパのものです。どこの国を見てもグラフの軌道は同じです。第二次世界大戦で金持ちの所得のシェアは落ち、70年代までは平等化が進み、80年代以降に金持ちのシェアが伸びていきます。ちなみに、Top percentileとは全体を100等分して一番上位の第一グループに属する人ということです。彼らの所得シェアが増えているのです。

最後は、大金持ちの所得のシェアです。図4-5、4-6はトップ0・1%の大金持ちの所得

図4-3 ヨーロッパ大陸諸国と日本における所得の不平等度の推移(1910〜2010)

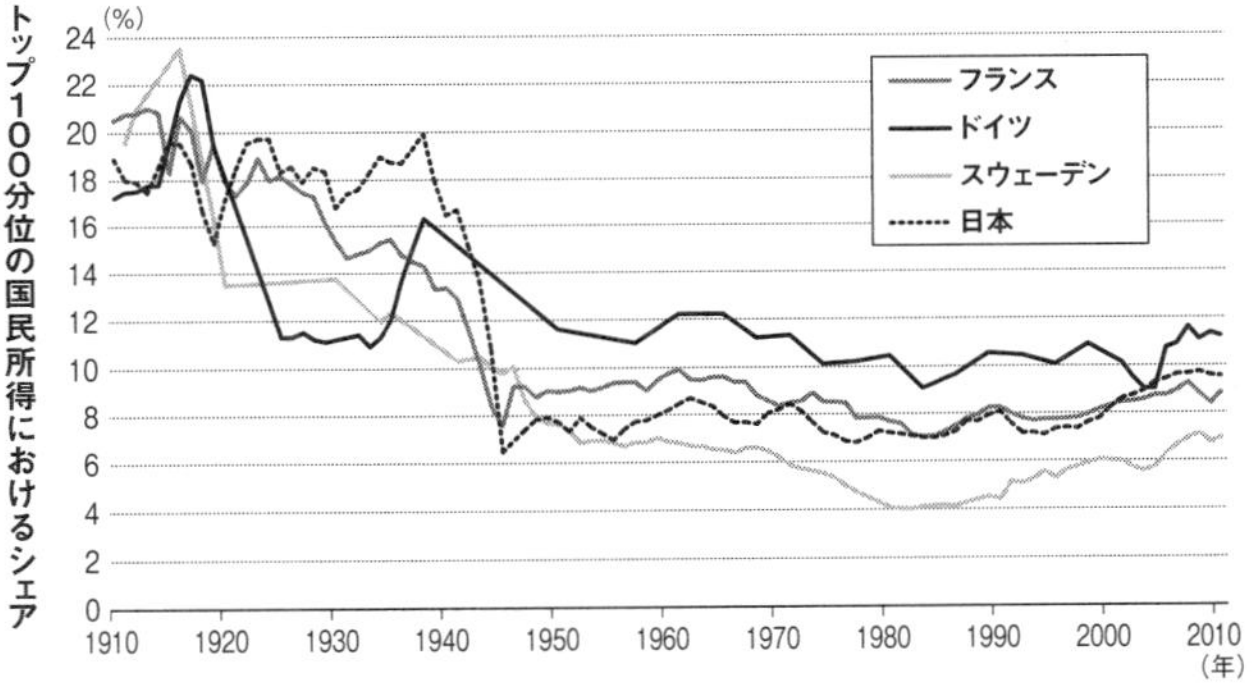

ヨーロッパ大陸諸国と日本の場合、トップ100分位の所得シェアは、アングロサクソン諸国と比較して、1970年代以降わずかに上昇しているにすぎない。

出典:『CAPITAL in the Twenty-First Century』トマ・ピケティ著(Belknap Press)317頁

図4-4 北ヨーロッパ諸国と南ヨーロッパ諸国における所得の不平等度の推移(1910〜2010)

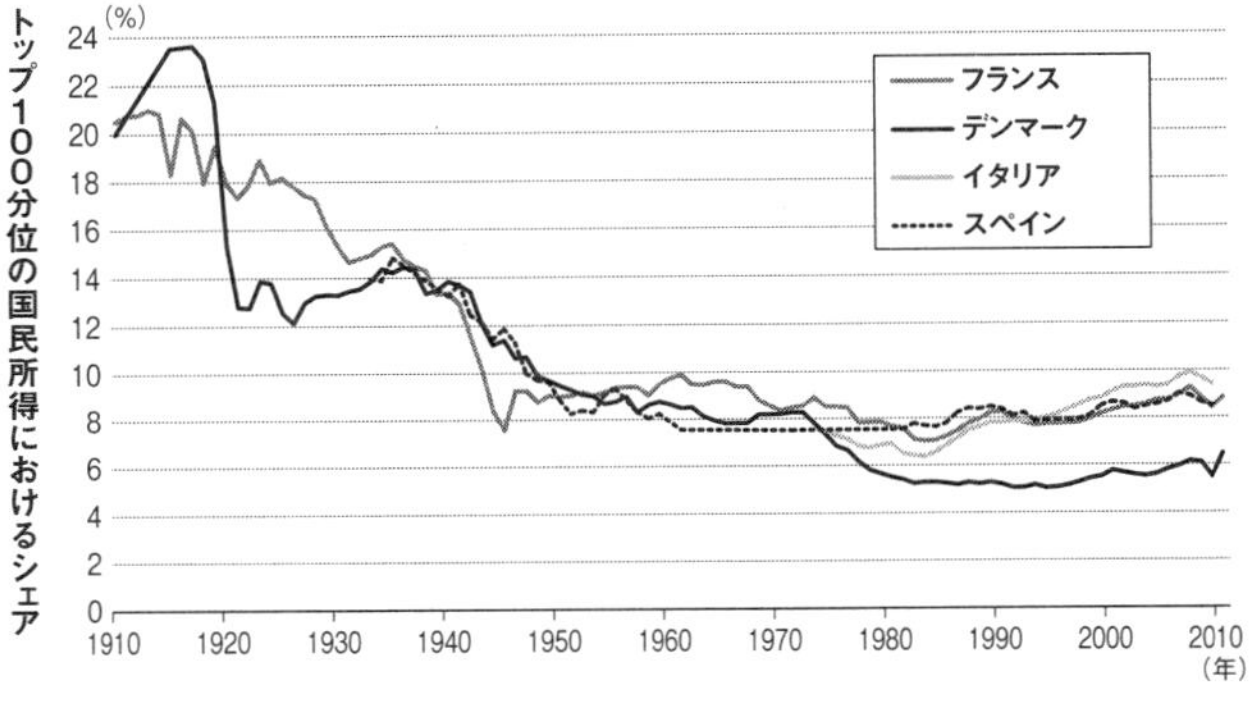

北ヨーロッパ諸国と南ヨーロッパ諸国の場合、トップ100分位の所得シェアは、アングロサクソン諸国と比較して、1970年代以降わずかに上昇しているにすぎない。

出典:『CAPITAL in the Twenty-First Century』トマ・ピケティ著(Belknap Press)318頁

のシェアを示したものです。やはり軌道は図4-1〜4-4と類似しています。

これらの国々を国際比較すればわかりますが、米国・英国・カナダ・オーストラリアのアングロサクソン諸国の不平等度が際立っています。ピケティによると、これらの諸国で富裕層のシェアを増やし所得不平等を導いた大きな要因は、金融・非金融会社のスーパーマネージャーの存在です（前掲書315頁）。

米国の所得格差の拡大について分析しているピケティは、所得格差拡大の要因として賃金格差が大きいと指摘しています。もちろん、資産からの所得（例えば、家賃収入や株の配当など）を看過してはならないと言っていますが、やはり賃金格差がものすごく拡大していることが目を引きます。つまり、巨大企業のスーパーマネージャーの賃金が恐ろしいほどに高いということです（前掲書298－300頁）。

リーマンショックの時、米国の投資銀行に勤務しているビジネスマンの高給が日本でも話題となりました。ボーナスだけで信じられないような額をもらうのは周知のことです。また、日本ではサラリーマンから出世して社長になっても、それほど多額の報酬を得ることはありませんが、米国の場合は経営者が多額の報酬を得られることは有名です。こういう人々の存在が格差拡大の最も大きな要因なのです。

最後に、資産の格差がどのような状態になっているかですが、資産はストックですから所得

図4-5 アングロサクソン諸国におけるトップ10分位の所得のシェアの推移(1910〜2010)

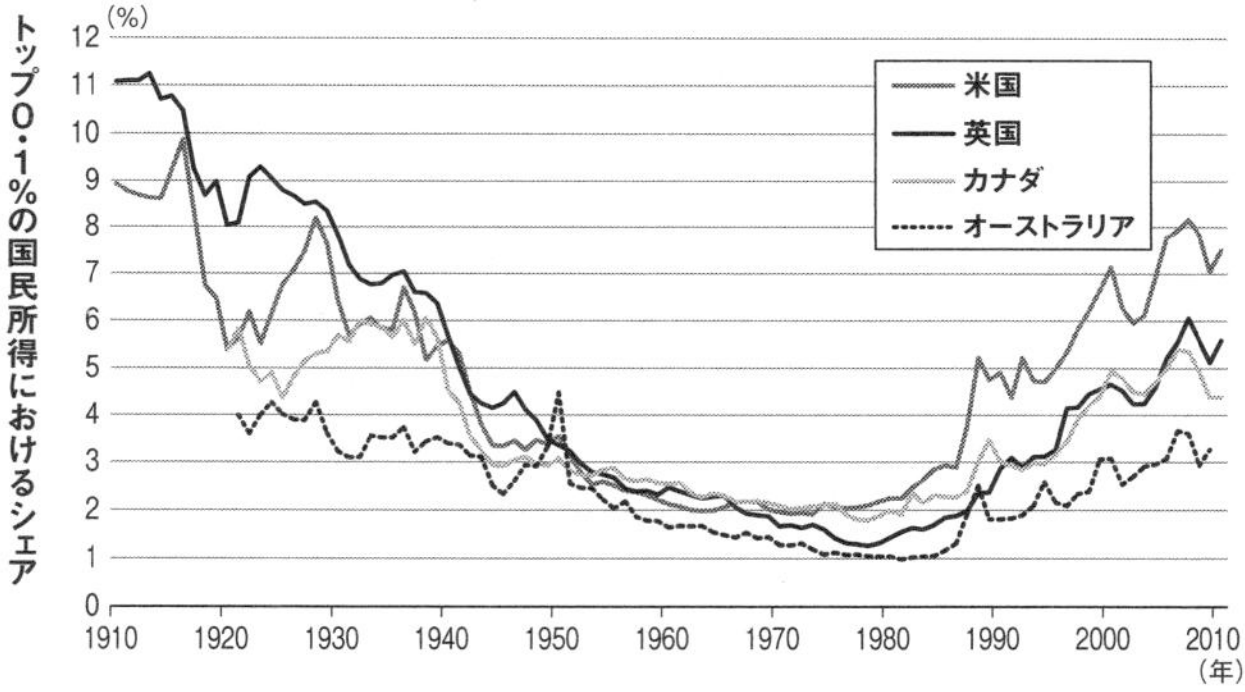

トップ0.1%の高額所得者の所得シェアは、微妙な異なりはあるものの、すべてのアングロサクソン諸国で1970年代以降上昇している。

出典:『CAPITAL in the Twenty-First Century』トマ・ピケティ著(Belknap Press)319頁

図4-6 ヨーロッパ大陸諸国と日本におけるトップ10分位の所得のシェアの推移(1910〜2010)

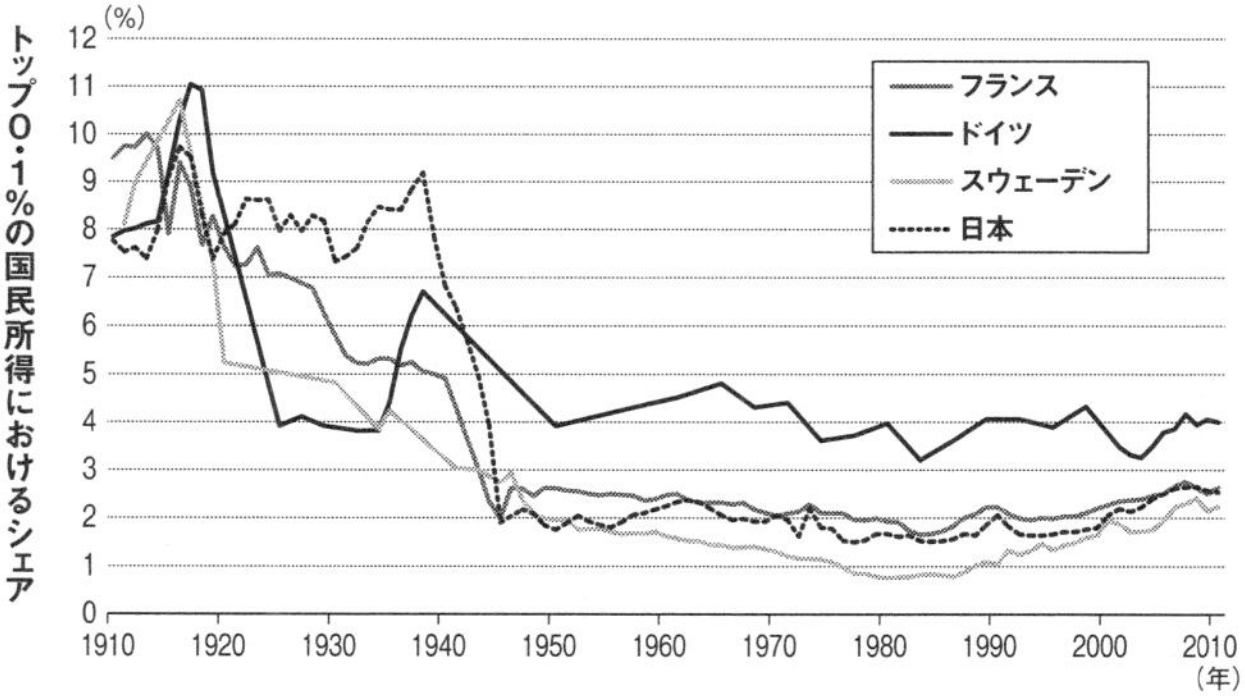

北ヨーロッパ諸国と南ヨーロッパ諸国の場合、トップ0.1%の高額所得者の所得シェアは、アングロサクソン諸国と比較して、1970年代以降わずかに上昇しているにすぎない。

出典:『CAPITAL in the Twenty-First Century』トマ・ピケティ著(Belknap Press)320頁

の格差ほど急激ではありません。かつてのように資産格差が拡大していない要因として、ピケティはフランスの事例から戦争の影響と税制の影響を述べています。実際、相続税制の影響はものすごく大きいことは誰でもわかると思います（前掲書376頁）。

日本の格差社会の現状

世界的に見て、資産や所得を持つ者と持たざる者の格差が拡大しているとして、日本はどの程度のものでしょうか。アメリカ・イギリスなどと比較すると、日本の格差はそれほど拡大していません。ただ、だからといって深刻な問題ではないということではありません。実際、1990年代初頭にバブル経済が崩壊し、「失われた20年」と言われる長期不況に突入して以来、格差はより一層はっきりした形で現れるようになったからです。

格差の存在を最もわかりやすく示す数字があります。それはジニ係数です。ジニ係数とは、所得の不平等度を示す数字で、すべての世帯の所得が完全に平等な場合を「0」、一人だけが富を独占する極端なケースを「1」として、その間の数字を格差として示せる指標です。1に近づけば近づくほど不平等度が高くなり、一定の値を超えると社会が不安定化すると言われます。

図4-7を見ればわかるように、日本では80年代のバブル期に資産格差が拡大したと言われ

図4-7 各種統計によるジニ係数の推移

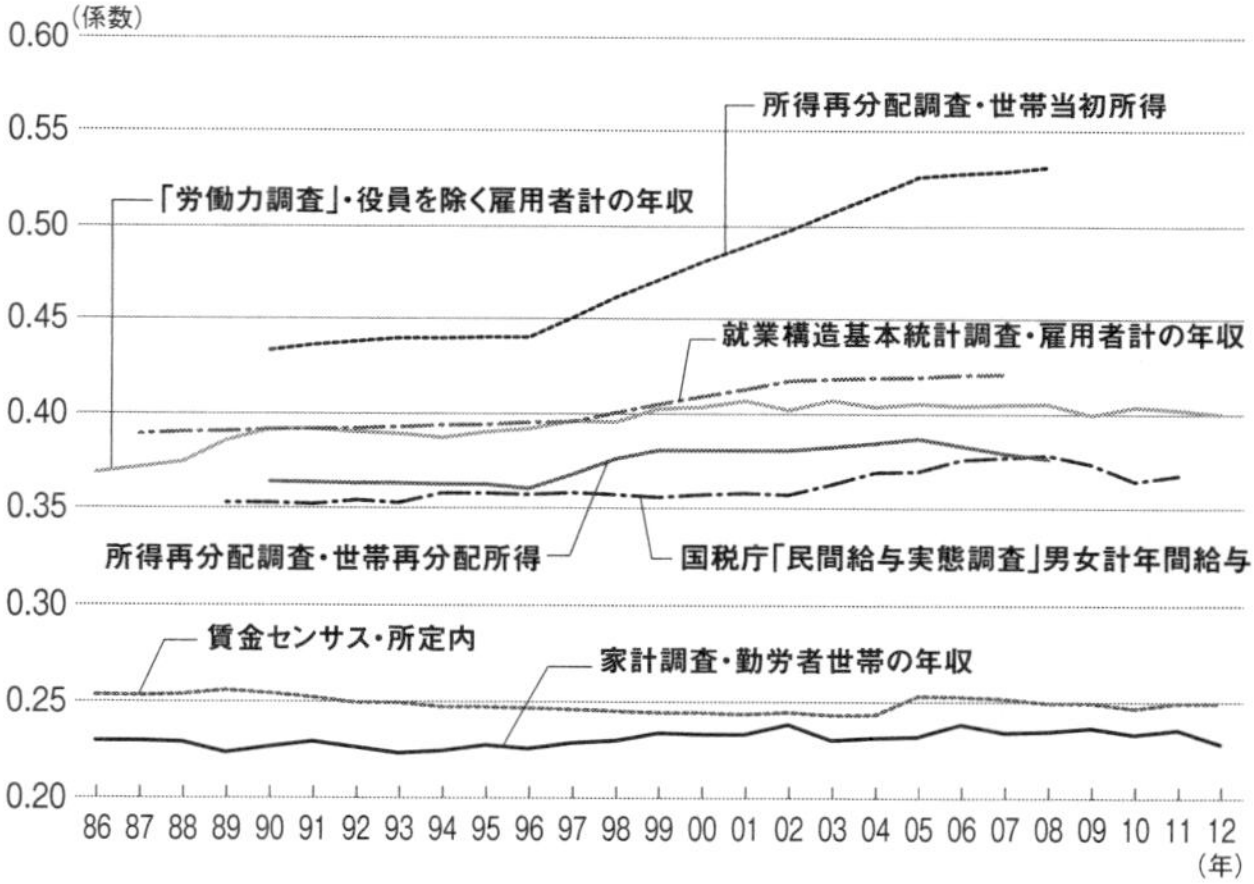

出典:日本労働組合総連合会(2013.11.7)より

て以来、ジニ係数は上がり続けています。

格差拡大の要因として、自由競争、規制緩和、実力主義などがよく指摘されます。要は、激しい競争社会になった結果、格差が拡大したというわけです。もっと具体的な理由としては、所得再配分の大きな手段だった税制が機能していないという指摘もあります。

例えば、収入が増えれば増えるほど税率が増える累進課税などは典型です。かつて所得税の累進税制は厳しく、最高税率は70%でした。これだけ高い税率だと、稼いでも稼いでも容易にお金が貯まることはありません。しかし、今や所得税の水準は非常に低くなっています。これでは格差が拡大するのも当然だというわけです。

格差社会を示す数々の指標

ジニ係数以外にも格差の拡大を示す現象はいくつかあります。それを見てみることにしましょう。

①所得・消費・資産の格差

例えば、高所得者が高級品を購入する一方で、低所得者が100円ショップで買い物をするなど消費の二極化も進んでいると言われます。最近は、生活保護受給者を対象とした「貧困ビジネス」と、お金持ちを相手にした「富裕層ビジネス」の二極化が著しい。信じられないような安売りの一方で、プライベートジェットやヨット、高額医療など高級サービスも百花繚乱です。金さえあれば何でも買える世の中になっているのです。

②貧困層の増大

長期の不況で貧困層が増大しています。例えば、生活保護世帯は年々増加しており、最近は常に過去最多を更新するような状況で、母子世帯の生活が苦しくなっているのも周知のことです。貧困と言えば、高齢者や非正規の若手男性という捉え方が一般的でしたが、最近は年収114万円未満の「女子の貧困」も問題になっています（NHKスペシャル　調査報告　女性たちの貧困～〝新たな連鎖〟の衝撃～より）。

③賃金格差の拡大

所得格差というのは世帯を単位にしているため、個々人間の格差が見えにくいところがあるのに対して、賃金の場合には個々人間の格差がはっきりとわかります。今日、賃金格差問題として主に言及されるのは「成果主義型賃金の導入による正社員間の賃金格差」と「正社員と非正社員間（非正規雇用者）の賃金格差」です。特に、将来的に大きな問題を引き起こすのではないかと懸念されているのが、若年層を中心としたフリーターなどの非正社員と正社員の賃金格差です。

④社会問題

不況で格差が拡大しているために、負け組の中には自殺する者が出現したり、失業して自暴自棄になり犯罪を犯す者がいるために犯罪発生件数が増加しているという指摘があります。第一章の図1-2を見ればわかりますが、失業率と自殺率や犯罪発生率は密接に関連しています。

この他にも様々な問題がありますが、二つ取り上げようと思います。

まず、健康格差です。所得に余裕があれば十分な医療を受けることができ、金に糸目をつけなければ、今の日本でも最高級のラグジュアリーな医療を受けることができます。年会費数百万円の人間ドックもあるし、高度な難病治療を受けることも可能です。

それに対して、貧困層に陥れば健康保険の保険料さえ支払うことができなくなり、その結果、医療を受けられなくなってしまいます。

サラリーマンに切実な話で言うと、お金に余裕があると診察項目数の多い人間ドックを受けることができます。それによってがんなどの疾患にかかるリスクを多少は減らすことができます。しかし、給料が増えなければ、会社がお愛想程度でやる健康診断で我慢するしかありません。基本的な検査はしてくれますが、人間ドックほどの緻密さはありません。

二つ目は、格差が拡大した結果、同質性が高くて平等だった日本社会で「平均」という概念に意味がなくなりつつあることです。日本人は「平均」という言葉が大好きです。同質性が強い分だけ何事も他人と同じか、他人とどれだけ違うかが気になるからです。例えば、それは平均睡眠時間・平均体重・平均所得などです。自分が平均より上か下かで大騒ぎするのが日本人です。

しかし、格差社会の到来で二極化が進むようになって以来、平均という概念は無意味なものになりつつあります。衰退する社会の中で、ごく一部の人間は高い所得を維持して、大半の人間は落ち込んでいくのであれば、平均を計ったところで意味がないからです。

労働時間の二極化もそうです。日本人は働き過ぎと言われていますが、平均すると日本人の労働時間はどんどん減り続け、他の先進国のように生活大国と呼ばれる年間1800時間に近づいています。しかし、非正社員は働きたくても働けずに短時間労働、正社員は長時間残業で労働環境はかつてよりも悪くなっています。

貯金もわかりやすい事例だと思います。全員が同程度にお金を持っているのであれば、平均貯蓄額を算出することには大きな意味があります。しかし、貯蓄額が偏っているのであれば、平均を出すことに大きな意味はありません。図4-8を見ればわかるように、「貯蓄なし世帯」は着実に増加し続けています。一方で、平均貯蓄額は二人以上世帯で1000万円を超えている、というデータもあり、いかに平均という概念に意味がなくなっているかがわかります。

格差社会と資本主義の根源的矛盾

給料と格差に関連して言えば、「私の給料が増えないのは、どこかおかしいんじゃないか」と疑念を持つのは当然だということです。格差が拡大しているということは、あなたの所得が減っている一方で、他の誰かの所得が増えていることを意味するからです。

みんなの所得が平等に減っているわけではありません。極端に言えば、あなたの仲間100

図4-8　全体　金融資産非保有世帯比率

金融資産の有無については、「金融資産を保有していない」との回答が31.0%と前回（26.0%）比上昇した。

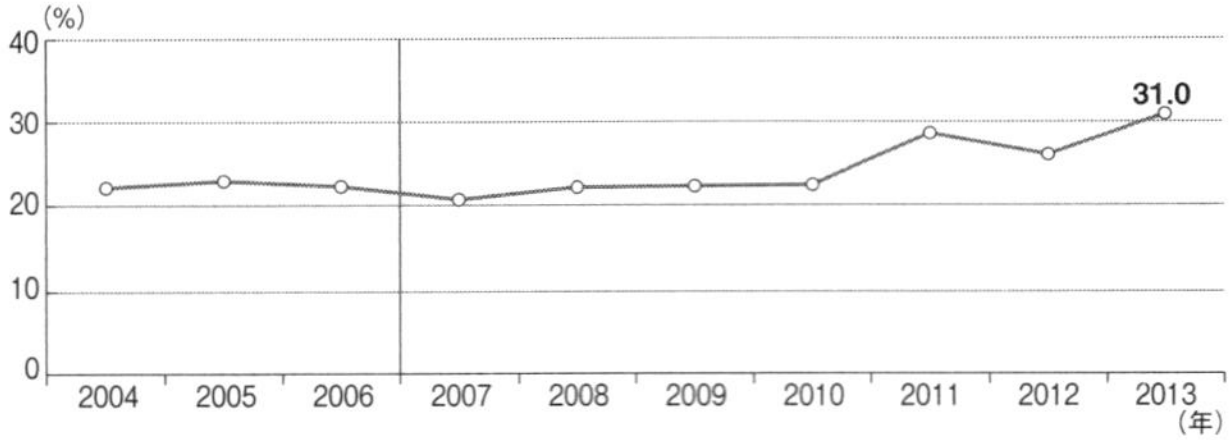

注
1. 本調査では「金融資産」について、『定期性預金・普通預金等の区分にかかわらず、運用の為または将来に備えて蓄えている部分とする。ただし、商・工業や農・林・漁業等の事業のために保有している金融資産や、土地・住宅・貴金属等の実物資産、現金、預貯金で日常的な出し入れ・引き落としに備えている部分は除く』と調査票に表記している。
2. 年間収入別の階層は2004～2006年は年間総収入、それ以外の年は年間収入（税引き後）による。

出典：金融広報中央委員会「家計の金融行動に関する世論調査」〔二人以上世帯調査〕（平成25年）

人くらいはずっと給料が減り続けている一方で、それをすべてまとめた分以上に儲けている人がいるのです。

それにもかかわらず、なぜ誰も格差に対して抗議の声を上げないのか？　この20年間の日本社会を見ていると、格差についてはどうも次の五つの考えがあるようです。

①格差歓迎論……格差は活性化の源である
②格差必要悪論……格差は望ましくないが、経済活性化のためにやむを得ない
③格差固定忌避論……格差の固定化はいけない
④格差忌避論……格差は絶対いけない
⑤格差戸惑い論……格差がいいのか悪いのかわからない

大儲けしている創業社長など万に一人です。その他多くの労働者は格差社会では負け組です。そこから考えると、本来は格差忌避論や格差固定忌避論がもっと強まってもいいはずなのですが、不思議とこの二つの声が強くならない。なぜなのでしょうか？

まず言えることは、日本ではまだまだ格差拡大で社会に大きな亀裂が入っていないこともあって、格差歓迎論や格差必要悪論が根強いことです。つまり、自由競争によって多少の格差が出てきたとしても、それによって社会や経済が活性化するのであれば、そちらの方が望ましいという考え方です。逆に言えば、競争がなくみんな平等であれば、社会や経済は沈滞して日本は衰退してしまうという考えが根強いのです。

バブル経済崩壊後20年以上、規制緩和を中心に自由競争で社会や経済を活性化させようとしてきたにもかかわらず、日本経済は未だに完全復活していません。それにもかかわらず、格差歓迎論や格差必要悪論は根強い人気を保っている。自分自身は負け組と思われるような人々でさえ、なぜか不思議とこのオピニオンに引きずられています。どうしてなのでしょうか？ 無数の理由の中から、この事象を解明するべく三つの事柄を取り上げてみましょう。

①自由競争以外に選択肢がない

経済や社会を活性化したり、豊かな社会を実現するためには社会主義のように所得再配分を強化した方がいいのか？　と言われると、多くの人は疑問を持つからです。その結果、格差を生み出すとはいえ自由競争の方がまだましだ、と考える傾向があります。

②多くの人に勝ち組になるチャンスがある豊かな社会である

チャンスが平等に与えられていると感じる人が多数であれば、誰も格差の拡大に異論を唱えません。

③マスコミの場に出ることを含めて、社会的には少数派勝ち組の意見の影響が強い

自由競争で勝ち抜き、資産を手に入れた人は自由競争を否定しません。それどころか、競争の重要性を説きます。よって、こういう人の意見の方が圧倒的に世の中を支配しているということです。実際、これだけ貧困に陥る人が増加しているにもかかわらず、なぜだか勝者は社会に気遣われている面があります。

やる気を失う非正規労働者

格差拡大の一因と言われる規制緩和や自由競争を巡って、しばしば、強い者や競争力のある人の「やる気」が議論されます。格差拡大を恐れると、稼ぐ力のある人のやる気を挫いてしまうという議論です。

例えば、『ＡＥＲＡ』（２０１２・４・30-５・７）は、アジア進出をにらんで日本を脱出してシンガポールに拠点を移す人を特集していますが、様々な人がシンガポールに惹きつけられるように脱出しています。

シンガポールが人や企業を惹きつけるのは、法人税の引き下げなどに代表されるように、富や雇用を生み出す企業や個人を呼び込むための政策を実施してきたからです。

それに加えて、アジアのハブ空港であるチャンギ国際空港を持つという地の利があること、金融セクターが発展していること、英語が公用語であること、事実上の一党独裁体制であるにもかかわらず政府の腐敗が少なく透明度が高いこと、外資系ホテルの林立に代表されるようにソーシャルアメニティーの充実など、様々な要素が重なって、知的活動拠点のようになりつつあることも大きな要因です。

私自身、シンガポールに移住した人の話を間接的に聞いたことがありますが、日本の将来を考えると、シンガポールに移住した方が何かと利点が多いというのが大きな理由だと思います。

ちなみに、移住先はシンガポールだけに限らないし、移住する人はビジネスマンだけとも限らない。元々、プロスポーツ選手などは国境を気にしないし、自然科学系の研究者の世界でも国境は関係ない。アーティストも同様です。

こういう現象があると、必ずマスコミは「能力のある人間が日本から逃げ出しつつある」という報道をします。格差社会の勝ち組のやる気はそれほど重視されていません。

その一方で、がんばっても給料が上がらない人間の絶望感はそれほど取り上げられません。非正社員が殺人などの凶悪犯罪を犯した時、「非正社員で未来に絶望して自暴自棄になったのかもしれない」と、非正社員↓自暴自棄↓凶悪犯罪という推測で過剰に書き立てる程度です。

ただし、自暴自棄になる人はものすごく稀です。現実に非正規労働を余儀なくされている人、ハードに働いているにもかかわらず給料が安い人の大半は、文句を言うことなく日々黙々と働いていています。犯罪を犯す人は稀だからこそ、マスコミだって過剰に報道するわけです。現実に非正社員の多くが犯罪者になっているのであれば、もっと真剣にその解決策を模索しないといけないはずです。

両者に対する気遣いに差が生じるのは、現代社会では多くの人が依然として成長や富に取りつかれているからです。だからこそ、富をもたらしてくれそうな勝者を礼賛する傾向があるのです。これが格差社会を肯定するマジックの一つになっています。

教育の不平等がもたらす格差の固定化

その一方で、大半の人は格差について右往左往している部分もあります。前記（116頁）の項目で言えば五つ目です。格差拡大を前にしてどうしていいかわからない。その理由としては次の四つが考えられます。

まず、日本全体が豊かになったことです。発展途上国のように支配者が酒池肉林の世界に酔いしれる一方で、一般大衆が飢えているのであれば問題ですが、日本で飢え死にする人はまずいません。全員が豊かであるならば、目くじら立てて格差に怒ることはありません。ピケティも指摘していますが、米国と違って日本では経営者が極端な報酬を得るという社会規範はそれほど発達しているわけではありません（前掲書332－333頁）。

二つ目は、先述したように、自分自身も勝ち組や富裕層になれるかもしれないという期待がどこかにあるからです。誰が金持ちになるのかなど運次第、そういう考え方は根強くあります。現実問題として、学歴なんかに関係なく偉くなる人はいます。

三つ目は、これと関連して、自由競争や努力、リスクを引き受ける勇ましい態度といった新自由主義の価値観が根強いことです。例えば、公務員のように安定だけを求める働き方は嫌われる一方で、果敢にリスクを引き受けるような生き方が礼賛されたりします。

四つ目は、政府に対する不信感があることです。格差拡大を食い止めるためには、金持ちからより多くの税金をとって貧困層などに再配分すればいいのですが、その役割を担うのは政府です。しかし、政府は金持ちから徴収した税金を自分達のために浪費する可能性がある。そうであるならば格差是正を政府に期待できない。

その一方で、バブル経済期から資産格差の拡大が言われて、その後も格差拡大が続く中で、格差がジワリジワリと固定化しつつあることに気づいていないのは致命的です。格差の固定化が最も明確な形で現れているのは「教育格差」です。簡単に言えば、富裕層の子弟に生まれれば、お金のかかった教育を受けることができるが、お金がなければ十分な教育を受けることさえできず、最終的には格差社会では貧困層に陥るというのがその典型です。

実際、私自身もこれは経験したことがあります。厚労省に入って、高級官僚はやはり富裕な家庭出身者が多く、「親が東大」など学歴もやはり高いという事例が相当あるように感じました。実際、ホワイトカラー上級職（企業経営者、医者、大学教授など）は再生産される傾向が強まっているという指摘は根強く、「東大生の親の年収は1000万円以上である」といったことはマスコミで頻繁に流されています。実際、こういう説を裏づけるように、東大が毎年発表している「学生生活実態調査」を見るとわかるように、東大生の親は高額年収です。

「東大に入る能力」「司法試験を受ける意思」というのはその人個人の問題ではなく、その両親の職業・収入・教育方針・養育環境などに大きく依存しているのであり、個人の能力だけが要因ではないということです。そうなると、機会の均等は確保されているがそれは形式的なものということになってきます。誰でも東大を受験できるが、合格者は最初から決まっているようなものだからです。

しかも、若年層の格差が拡大しているために、このような傾向が今後ますます強まるという懸念まで起きています。特に今現在の20〜30代の若者が壮年に達した時、逆転できないレベルまで格差が拡大し若者が希望さえも失う「希望格差社会」の到来が懸念されています。

そうなると、「東大生の子供は東大生」「医者の子供は医者」「フリーターの子供はフリーター」というように、格差が世代を超えて受け継がれていく「階層の固定化」にまで至り、機会の均等が実質的に消滅することになってしまいます。

実際、「階層の固定化」はあり得ないシナリオではありません。例えば、内閣府の「若年無業者に関する調査」（2005）によると、2002年のデータで15歳以上35歳未満の若者のうち、就業を希望しない「非希望型」の若者の37・6％が年収300万円未満の世帯に属しているのに対して、年収1000万円を超える世帯の場合、その割合は14％となっています。つまり、富裕層の子弟が親にパラサイトしているのではなく、貧困層の子弟が貧困な親にパラサイトしているという状況になっているわけです。

ピケティは、長い目で見ると格差を減らす最善の方法は教育と技能への投資だと述べています（前掲書313頁）。ここからもわかる通り、教育の格差は将来的にとてつもない大きな格差に結びつく可能性があるのです。

格差の固定化はすでに現れている？

格差社会については様々な考え方がありますが、「格差が固定化するのは望ましくない」という考え方はコンセンサスに近い。親が金持ちなら子供も金持ち、親が貧乏なら子供も貧乏というように、格差が世代を超えて継承されていくことは望ましくありません。

バリバリの市場原理主義者でも、この格差の固定化には反対することが多い。なぜなら、格差が固定化してしまうと、資本主義や自由競争のダイナミズムが失われてしまうからです。優秀であれば、生まれ育ちに関係なく出世していく。自由競争の前提条件は誰にでもチャンスがある機会の均等で、そういう世の中だからこそ活気が出るわけです。

しかし、欧米では言うまでもなく、平等と言われてきた我が国においてさえ、格差は固定化しつつあります。それこそがピケティが示したものの中で最大の功績だと思います。資本の蓄積率が経済成長を上回っているわけですから、不動産や株などの資産を持っている者はどんどん豊かになる一方で、資産のない者はどれだけがんばったとしても所得が増えようがない。こういう状況が続けば、格差は拡大どころか世代を超えて継承されて固定化してしまう。それをデータで示したわけです。

今の日本に当てはめて考えると、それが最も顕著に表れているのが先述した教育格差です。しかも、学歴によって所得格差が生じるようになっている分だけ、教育格差はより深刻な影響をもたらすことになります。従来、日本は学歴による所得格差が少ない国だと言われてきましたが、もはや今の日本はそのような状態ではありません。学歴による格差は拡大しています。

「中卒でも起業家で大金持ちになる人はいる。超一流大卒でもリストラされれば終わりだ」という意見があります。その通りです。学歴＝金儲けの上手さではありません。ただ、確率論として言えば、かつてと比較にならないくらい、有名大卒が中高卒より有利になっているのです。

私はたまたま受験・教育問題に関する書籍を執筆（『食える学歴』扶桑社）したこともあって、受験関連の取材を何度か行ったことがあります。その際、「現代の受験競争を勝ち抜くためには金が必要不可欠だ」ということを痛感しました。

現代の受験戦争は小学校や中学校からすでに始まります。昔のように文武両道の公立出身のエリートは少なくなっていて、中高一貫の私立から東大・京大などの超有名大学に進学します。大学受験レベルになると、受験生本人のモチベーションやノウハウもありますが、中学受験をする小学生の場合には、親がどれだけ教育に投資できるかが大きな鍵を握ります。

一言で言えば、塾に行かないと有名中学に合格しないということです。私自身、自分の子供が中学受験をしましたので、何度も入試問題を見ましたが、現代の中学受験のレベルはものすごく高くて、塾に行くことなく有名中学に合格することは非常に難しい。テクニックがないと問題を解けないということです。

特に、関西の場合には算数・国語・理科の3教科受験であるため、算数ができるかどうかがすべてを決めます。それに加え、灘中学の問題などは頭の柔らかさがなければ解けず、どう考えても小学校の勉強だけで何とかなるものではありません。解き方のノウハウを徹底的に学ぶべく、塾に行かざるを得ないのです。塾費用は夏期講習や直前講習などの特別授業を含めて考えると一ヶ月平均5万円が相場でしょう。

しかも、算数脳に優れた子供であればいいのですが、算数は苦手という子供の方が多い。こうなるとどうするか？　昔で言えば、家庭教師、現代では個別塾という1対1の塾に行くしかありません。マンモス塾はかゆいところに手が届くような授業はしません。

こうなると授業料は軽く10万円を超えることになり、極端なケースになると一ヶ月で20万円近くを塾代につぎ込むということになります。

医学部とボーディングスクール狙いの富裕層達

教育面から見た格差はこの程度にとどまりません。いくら塾代20万円を費やし、東大に合格して一流企業に入ったとしても、それで人生の安定が得られるわけではありません。ましてや一発起業して大成功した起業家のような金持ちになれるわけでもない。現代日本においては、これだけ資金を投下して得た学歴の効果は非常に薄いのが現状です。学歴による所得格差が発生する一方で、学歴ですべてが保障されるわけでもない不安定な社会ということです。

そのため、現実的で教育熱心な親や学校は、子供に理科系への進学を勧めています。特に医学部や薬学部です。給与面で劣りますが、昨今、どこの大学でも看護学部を作りたがるのも同じような理由です。

職種別に労働市場が確立されている医師・薬剤師・看護師といった職業は非常に安定していますし、慢性的に人手不足です。高齢化社会でますますニーズが増えることは誰でも予想できます。

一言で言えば、教育投資の狙いは一流大学か否かというだけでなく、どの学部かに移っているわけです。その象徴が医学部です。最も良いのは国公立の医学部ですが、偏差値の高さからわかるようにそう簡単に入学できるわけではありません。そのため、私立大学の医学部を目指す学生も増えています。こちらは授業料がべらぼうに高いのは周知のことです。６年間で最低でも3000万円はかかるでしょう。ここに様々な費用を足すと最低でも5000万円くらいが相場ではないでしょうか。

医学部と投資額が同等もしくは大きいのが、欧米の学校に留学させるケースです。こちらは幼少期から留学させるケースもあれば、大学から行かせるケースもありますが、ものすごい投資額になります。『週刊東洋経済』（2013年7月6日号）によると、インターナショナル幼稚園・小学校・中学校・高校に通った場合、14年間で2775万円です。ここに大学の授業料を足すわけですから、相当額にのぼります。

グローバル時代を迎えて英語が必要不可欠になっていることや、日本の大学は国際的なランキングが必ずしも高くないといった理由から、留学させる親も増えています。

私が取材した中で、留学で最も費用がかかるケースは幼少期から欧米のボーディングスクールに入学させるというものです。ボーディングスクールとは寄宿学校で、生徒全員が寮に住み込んで、英語やフランス語などの語学や深い教養を学ぶ学校です。少人数でものすごく手厚い教育を受けることができるのが特徴です。

ちなみに、学費は年間1000万円を超えます。これに14年間をかければ1億4000万円近い金額になるでしょう。欧米の超富裕層の子弟が通うことで有名になっていますが、今では日本人でもこういう学校に子供を入れる人が増えています。

このように、教育格差はジワリジワリと進んでいます。しかし、誰も気づいていません。そのため、公立教育にもっとお金を費やすべきだという声も強くならない。その一方で、何となく「親の立場で人生が決まっていないか」と思った時には、すでに手遅れになっている。これが格差の固定化の怖いところです。

格差の固定化とは、貧困層になれば簡単にはい上がれない一方で、富裕層になると簡単にはすべり落ちないという不平等きわまりない社会だということです。実際、ある一定の値を超える巨額の財産は、成長率が極めて高いとピケティは指摘しています（前掲書439－440頁）。大金持ちの財産は増えることはあっても減ることはないのです。

第五章　日本資本主義の限界

搾取・低成長・格差の三つが見えにくい日本

第三章・第四章で見たように、世界的に見ると資本主義は行き詰まっています。もはや成長する余地は少ない。そのため、アメリカ資本主義はモノ作りなどの製造業から金融やＩＴに資本主義の空間を拡大しようとしている。その一方で、ごく一部の人間にどんどん富が集中していく。経済が成長できないため、余計にパイの奪い合いが激しくなっており、露骨な搾取が蔓延っている。現在のグローバル資本主義の現状をまとめると、こうなります。

しかし、「どうも日本は違うんじゃないか……」と疑問を持っている人も多いはずです。日本では金融業がアメリカほど目に見えて儲けているわけではありません。それどころか、サラ金は不当に儲けていると批判され、過払い金で窮地に立たされました。

阪神の買収騒ぎを引き起こした「村上ファンド」は一世を風靡しましたが、今はどこへ行ったのでしょうか？　銀行員もかつてほど良い職業という印象ではありません。日本の資本主義の行き詰まりやその打開方法はアメリカと明らかに違います。

また、富裕層は存在するものの、ホリエモンが没落して以来、金持ちの目立った動きも見なくなりました。ピケティの著書でも示されているように、アメリカに比べると日本ではそれほど格差は大きくない。しかし、多くの人は「誰かに奪われている……」という疑念が抜けきらない。

これらのことをまとめると、第三章・第四章で分析した資本主義の矛盾である「資本家による搾取」「失われた20年と言われる長い低成長」「アメリカほどではないにしても着実に広がる格差」という三つが見えにくいということです。現実に多くの日本人が資本主義の三つの矛盾に気づいているのなら、米国の反ウォールストリート運動のようなことが起こるはずですが、そういうことにもなっていません。

一言で言えば、日本の資本主義の行き詰まり方は見えにくいということです。第五章・第六章では、日本の資本主義の矛盾はどうして見えにくいのか、その謎を解明していきます。わかりやすいように、あらかじめ仮説の大枠をお話ししておきます。

第五章では、国債の利率が低いままで、もはや大きな成長を望めない状況であるにもかかわらず、多くの日本人は依然として成長神話にとらわれていることを説明します。アメリカ資本主義は、製造業主体の資本主義の行き詰まりを金融やITで打破しようとしていますが、日本の打開策はなんでしょうか。その打開策と成長神話が密接に関連することから、謎解きを始めていきます。

第六章では、搾取と格差の拡大がどうして見えにくいのかを、日本人の労働時間（特に残業時間）に対する考え方や、日本的雇用慣行などから読み解いていきます。サービス残業は手っ取り早い搾取手段です。それにもかかわらず、日本ではサービス残業が繰り返されてきましたし、これを資本家による搾取であるという捉え方は強くなされてきませんでした。なぜなのでしょうか？

それは残業時間が景気の調整弁だったからです。日本企業は簡単にクビを切らない。不景気になったら残業時間を少なくして雇用を維持し、好景気になれば少ない人数で残業して乗り切る。そういう態勢をとってきたからです。浪花節的な労使関係や涙目の経営者が多用する人海戦術も、その基盤には簡単にはクビを切らないという態勢があるのです。

これ以外にも日本独特の雇用慣行はたくさんありますが、その中心にあるのが、会社はみんなのものであるという発想です。会社はみんなのものであり、会社が存続することが経営者だけでなく従業員の幸せにもつながる。だからこそ、会社は儲かっても誰にも還元せず内部留保でため込む。こういう態勢をとってきたわけです。

その結果、日本では誰が儲かっているのか、誰が富裕層で誰が貧困層なのかがわかりにくくなりました。日本の格差はアメリカほど明確ではないにしても、着実に広がっています。それにもかかわらず、大きな疑問が発生していないのは会社だけが儲かるという日本独特の資本主義があるからです。

日本資本主義の成長は限界なのか?

第三章で見たように、水野和夫氏は資本主義の終焉ということを述べておられます。ものすごく悲観的な予測だとは思いますが、現実に先進国はどこも経済成長していませんし、今後も急激に伸びるとは想像できません。成長したとしても年率数%程度です。

そんな低成長に苦しむ資本主義はどこに活路を見いだそうとしているのか? グローバルな視点で眺めると、アメリカ経済は金融に活路を見いだそうとしており、それゆえに金融に流れ込んだ過剰なマネーがバブルを引き起こすというのです。

しかし、日本の事情は少し違います。日本はどこよりも早くバブルを経験したこともあって、リーマンショックの時にも金融危機に直面していません。リーマンショックで日本が苦しんだのは、他の先進国が金融危機に陥った結果、これらの国々に輸出できなくなったからです。アメリカのように金融業で働いている人が増えているわけでもありません。

また、国民自身も投資ということに神経質です。これだけ利率が低いにもかかわらず、依然として銀行にお金を預けます。米国の金融資本主義のように「金で金を生む」という発想はなく、未だに律儀にモノ作りで稼ごうとしているのが日本の資本主義です。

しかし、真正直なだけでは生きていけません。いくら為替を調整したところで、製造業ではもはややっていけません。国内サービス業でも不十分。どこかに利益の出る分野を見いださないとやっていけない。

それでは、日本の資本主義はどこに活路を見いだそうとしているのでしょうか。もはやどれだけ画期的な家電製品や車を作ったとしても、日本全体を急激に成長させることなど不可能に近い。マスコミや識者はイノベーションや産業構造の転換などと簡単に口にしますが、資本主義自体が行き詰まっているのだとすれば、話はそれほど単純なものではない。

長くてダラダラ続く不況を考えると、日本の資本主義が行き詰まりつつあることや、もがき苦しんでいると想像することは間違いではないでしょう。バブルを引き起こしているとはいえ、金融業やＩＴへと華麗に構造転換していく米国に比べると、日本の資本主義の行く末の方が暗いようにも思えます。

日本の資本主義には米国のように自ら生き延びようとする力はない。もっと言えば、日本の民間部門はそんな力強さなどなかったのです。次の図5－1を見てください。内閣府の「国民生活に関する世論調査」での「政府に要望する事項」から、景気対策を抜き出しました。バブル経済崩壊後の状況を見ると、政府に対する要望として景気対策は社会保障の充実と並んで常に上位にあがっています。もし民間部門にダイナミックな資本主義力があれば、誰も政府に景

図5-1　政府に要望する事項（景気対策）

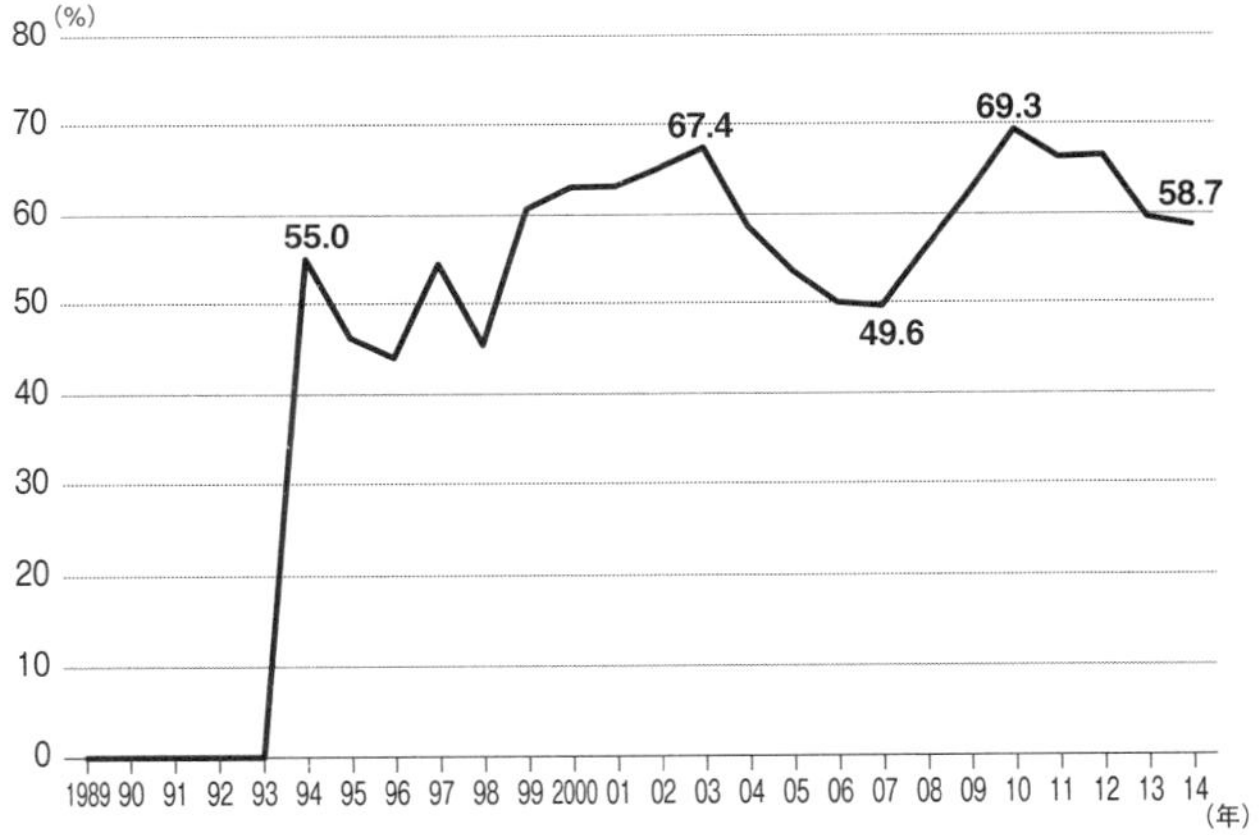

出典：内閣府「国民生活に関する世論調査」各年版に基づき筆者がグラフを作成

気対策ばかりを要望しません。

たとえバブルを引き起こす危険性が高いとしても、米国のように金融業が幻想で短期間とはいえ経済に活気をもたらすのであれば、これほど長期間にわたって政府に景気対策など要望しないはずです。

ここからわかると思いますが、日本の場合、「サービスが悪い」「効率性が悪い」「公務員は仕事ができない」だのと批判されながらも、日本政府が資本主義の行き詰まりを打開しようとしてきたのです。国家が資本主義の行き詰まりを打開するために20年間以上もがいている、それがバブル経済崩壊後の日本の最大の特徴です。

国家切り売り資本主義の実態

「国家独占資本主義」という言葉があります。国家と巨大企業が一体となって利潤を追求する資本主義という意味です。国家と資本主義という言葉がドッキングすることでいえば、１９９０年代前半までの日本は国家主導（官僚主導）の資本主義とも言えます。

市場原理主義ではなく、大蔵省（財務省）による金融業界の支配（護送船団行政）、有名な通産省（経産省）による行政指導など、政府が主体的に民間経済を引っ張ってきたからです。日本経済が絶好調な時は、世界各国でNotrious MITI（悪名高き通産省）と恐れられたものでした。

それに対して、バブル経済が崩壊し、資本主義が行き詰まりを見せるようになった１９９０年代以降、日本で起こっていることは国家主導ではなく「国家切り売り資本主義」です。もはや製造業では利益を出せなくなっている。しかし、米国のように金融業やＩＴ産業で利益を出すこともできない。

その一方で、国内サービス業はそれほどの利潤を叩き出すわけではない。民間に活力がなくなり、民間や国民から「政府は何とかしろ」と詰め寄られる中で、国家（政府）は自らを切り売りすることで、資本主義のダイナミズムを取り戻そうとしているのです。アベノミクスになぞらって言えば、政府が自らの身体を切り分ける作業は「三本の矢」に分かれています。

まず、公共事業を中心とする財政政策（景気対策）です。日本の借金は今や1000兆円を超えますが、この借金は不況による税収減と度重なる景気対策によるものです。しかも、公共事業ばかりに注目が集まりますが、破綻した金融機関への公的資金の投入、家電や自動車業界を救ったエコ関連補助金など大手企業にも相当投入されています。

大手企業は「法人税を引き下げろ」とか「日本ではエネルギーコストが高い」と文句ばっかり言っていますが、非常にわかりやすい手段で政府に救われてきたのです。高齢化社会で社会保障費だけが膨張して1000兆円の借金になっているわけではありません。

二つ目は、日銀を主体とする金融政策です。現在の日銀の異次元緩和に代表されるように、日銀・政府はマネーを市場にばらまいてきました。企業が少しでも資金を得やすいように、と。しかも、多額の赤字で財政政策に依存できなくなればなるほど、どこの先進国でも金融政策に依存する度合いが増します。

両者ともに共通するのは膨大なコストと計り知れないリスクです。最もわかりやすいのは財政破綻です。日本政府の信用がなくなり、国債を誰も買ってくれなくなるような状況になれば、果たして日本はどうなるのか。政府を一個人に譬えれば、もはやこれ以上借金をすると、サラ金に追いかけられるどころか、追い詰められて自己破産になるかもしれない。緊張で心臓はバクバク。まさに自分の命を切り売りして過ごしているわけです。

三つ目は規制緩和などの行財政改革です。規制緩和や中央省庁の再編、公務員制度改革というと、役所は非効率で無駄が多い、サービス精神がないことなどが主な理由と思われていますが、これを行き詰まる資本主義の延命策という観点から見ると、全く違った風景が見えてきます。

規制緩和などの行財政改革を役所の無駄を省くという点から見るのは、ほぼ常識のように思われていますが、そもそも利益が出ないからこそ役所がやっていた仕事もたくさんありますし、本来はビジネスにしない方が望ましい領域もあります。例えば、「公務員の仕事など誰でもできる」と言いますが、仮に誰でも公務員になれるのだとすれば、あちらこちらの民間企業に秘密が漏れる可能性が高まります。

こう考えると、行財政改革＝役所の無駄を省くという見方はどうも表面的で近視眼的すぎることがわかると思います。資本主義の延命策と絡めれば、国家は資本主義の成長の種をまくために、自らのテリトリーさえ切り売りしていると見えるからです。自らの財布だけではなく、自らの身体をも犠牲にして、資本主義の利潤機会を作り出そうとしているとも解釈できます。

では次に、規制緩和を中心とした行財政改革に絞って国家切り売り資本主義を見てみます。

先端産業が出現しない日本経済

国家の切り売りしか資本主義の延命策がなかったという点について、まず確認しておくべきなのは、高度経済成長を支えた製造業のような新しい産業が日本に生まれていないということです。

アメリカは金融資本主義だと批判されますが、Yahoo! や Google、Amazon などの新しい企業が出現しています。それに対して、日本には TOYOTA を上回る企業は未だ出てきていません。新しい企業も誕生していますが、SONY や Panasonic の没落を補うだけの力はありません。確かに、産業構造や就業構造は製造業からサービス業中心に変化しています。それにもかかわらず、依然として日本は為替レート次第で不安定化する製造業に大きく依存しています。それは輸出の重要度からもわかります。日本は人口が1億人いることもあって、実は輸出依存度は高くありません。

しかし、経済成長に対する寄与度は高いのです。図5-2の1995年以降の実質経済成長率の内外需別寄与度を見ると、おおむね内需寄与度の半分程度の寄与度を外需が持っていることがわかります。また、2002年、2008年など国内経済が不振の時にも輸出が増加して外需のプラス寄与が経済成長を下支えしています。なんだかんだと言いながら、輸出が日本を救ってきたわけです。

図5-2 実質経済成長率の内外需別寄与度

成長率に対する外需寄与度は、ならしてみると内需寄与度の半分程度である。

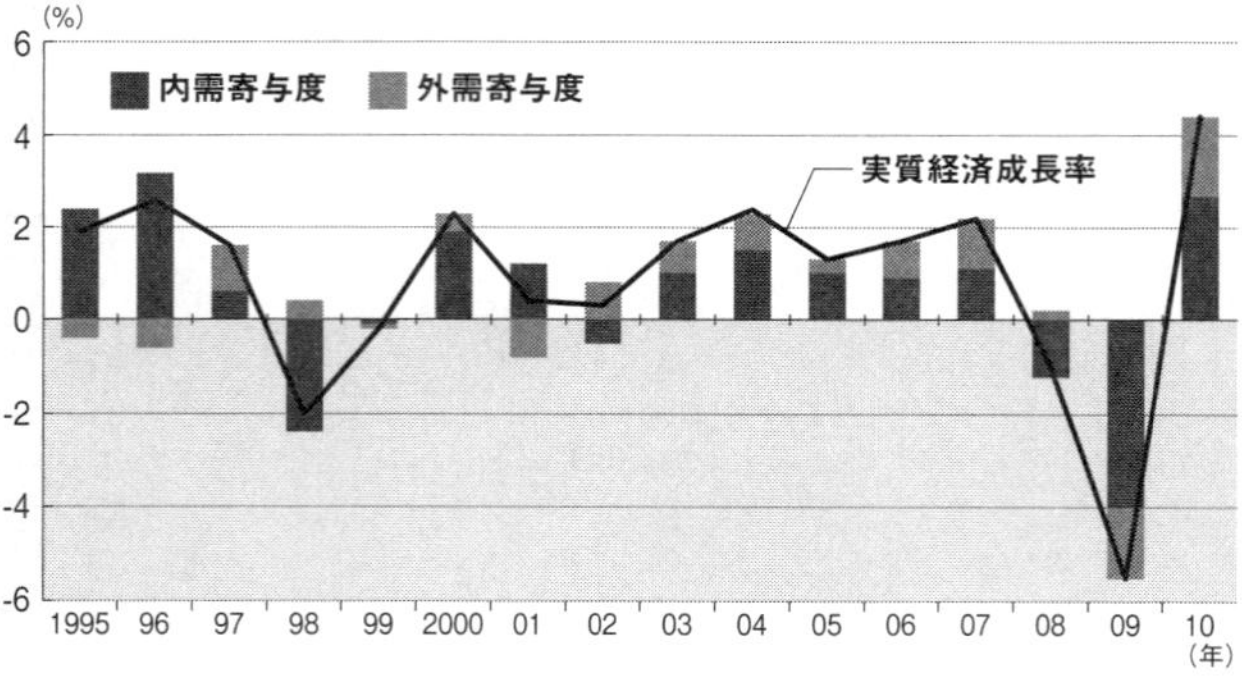

(%)

	1995	96	97	98	99	2000	01	02	03	04	05	06	07	08	09	10
財貨・サービスの輸出寄与度	0.4	0.5	1.1	-0.3	0.2	1.3	-0.8	0.8	1.1	1.7	0.8	1.4	1.4	0.3	-4.3	3.1
(控除)財貨・サービスの輸入寄与度	-0.8	-1.1	-0.1	0.6	-0.3	-0.9	-0.1	0.0	-0.4	-0.8	-0.5	-0.6	-0.3	-0.1	2.8	-1.4

注
1. 2005年基準・93SNAによる。
2. 外需寄与度は財貨・サービスの純輸出(財貨・サービスの輸出ー財貨・サービスの輸入により求めている)の寄与度。

出典:「労働経済白書」(平成25年版)

つまり、バブル経済崩壊後、日本にはイノベーションをもたらすような新しい民間活力は現れていないということです。もし、イノベーションが起こっていたのであれば、わざわざ規制緩和など経済界は求めないはずです。長年続いてきた資本主義システムは、これまで利潤の出る分野にはすべて手をつけてきました。役所がやっているような仕事は様々な観点から考えて利益が出ないからこそ役所がやってきたのです。民間から見ても「おいしくない仕事」です。そんな仕事に手を出さざるを得ないほど行き詰まっているのです。

1980年代から規制緩和が本格化

それでは、資本主義の行き詰まりを打開するための規制緩和や行財政改革はいつから始まったのでしょうか？

規制緩和が注目されるようになるのは1980年代です。この時代には、国鉄（JR）や電電公社（NTT）などの公営企業の民営化が大きな話題となりましたし、80年代前半には臨時行政調査会が発足し、行政改革や三公社民営化、特殊法人改革の見直し等について踏み込んだ提言を行っています。また、規制緩和推進要綱が制定され、包括的、統一的な規制緩和が進められるようになったのは88年12月です。その後、90年代に入ってから規制緩和の動きが本格化します。

例えば、1994年～1997年にかけて行政改革委員会が規制緩和の監視機関として設置され、その下に規制緩和小委員会が置かれて様々な規制緩和が推進されました。

規制緩和小委員会で実現した主な成果としては、株式売買手数料の自由化などの金融規制の緩和、タクシーなど運輸規制の緩和などがよく知られています。その後、中央省庁再編以降は2001年から内閣府を中心に、規制緩和小委員会を引き継ぐ総合規制改革会議（規制改革・民間開放推進会議）が規制緩和を推進することになります。

総合規制改革会議が設置される前までは、経済的規制は原則自由、社会的規制については対象外とされてきましたが、総合規制改革会議では教育、医療、福祉などの社会的規制の改革が行われました。

2001年以降の規制改革で特徴的なことは二つです。

一つ目は、公的関与の強い医療、福祉、教育などの分野での規制緩和が重要な課題となっていることです。例えば、「PFI（Private Finance Initiative：プライベート・ファイナンス・イニシアティブ）」がその代表です。PFIとは、簡単に言えば従来役所が総合プロデュースしていた公共施設等の建設や維持管理を民間の資金でやるということです。各地の公立病院・美術館・博物館などで事例がたくさんあります。最近、美術館や博物館の中にシャレたカフェやレストランが増えていると感じたことはありませんか？　それもPFIの影響と言えるでしょう。

二つ目は、構造改革特区制度を設けたことです。2002年に構造改革特別区域法が制定されて、各地域の特性に応じた規制の特例措置を設けることが可能になりました。この狙いは、どこか特定の地域に先進的なことをやらせて、何とか起爆剤にしようということです。

資本主義の延命策としての「規制緩和」

少し耳慣れない言葉もあると思いますので解説しておきます。規制には「経済的規制」と「社会的規制」の二つがあります。

「経済的規制」とは、マーケットの自由競争に任せると、強い企業が不当に儲けたりするなど、消費者にとって望ましい価格水準などが達成できない時に行われる政府介入のことです。この場合、政府がマーケットに参入する資格や企業数を決めたりします。

自然独占の傾向を持つ公益事業、例えば、ガス・電気などを思い浮かべてください。ガス管を整備するコストは膨大です。そのため、独占企業が一社ですべてを請け負います。関西なら大阪ガス、関東なら東京ガスです。しかし、その企業に自由にやらせると、自分達に都合のいい価格をつけます。それを防ぐために政府は独占を認める一方で、料金を規制するのです。

「社会的規制」とは、労働や環境に関するもので、消費者や労働者の安全・健康の確保、環境の保全のための規制です。一日の労働時間は8時間で一週40時間というのが典型です。

両者を比較すればわかると思いますが、経済的規制は一部を除いてあんまり必要なものではありません。なぜなら、自由競争を阻害するからです。それに対して、社会的規制は人の安全や命にかかわるだけに、そう簡単には緩和できないという事情があります。実際、食品の安全規制の緩和に賛成する人などいないでしょう。

この定義を踏まえて、日本の規制緩和の流れを見ると、いかにこれが資本主義の延命策であるかがよくわかります。ここではその規制緩和について三つ指摘しておきます。

一つ目です。現在の日本では、経済的規制は撤廃されていて、今や主流は社会的規制の撤廃に移っていることです。理由としては、医療や教育分野でさえ規制緩和しろという声が強くなっているからです。もちろん、社会的規制と分類されていても、実際には経済的規制の要素を含んではいます。例えば、病院や学校の運営者は医療法人・学校法人に限定されていて、株式会社などは締め出されています。これは事実上の参入障壁であるという意味では経済的規制に近い。株式会社を規制するのは利益を投資家に回すのではなく、医療や教育に回すためという理由からです。

しかし、医療法人や学校法人の経営者が投資と無縁で、清廉潔白に私財をつぎ込んでいると思っている人などどれだけいるでしょうか？　日本で「金持ちは誰か？」と聞けば、多くの人は医者と答えるはずです。

実際、内閣府が行った「規制改革・民間開放に関する特別世論調査」(平成17年11月) によりますと、規制改革を推進すべき分野としては、金融や情報通信を押さえて、医療分野（58・9％）、教育分野（50・1％）、福祉・保育分野（48・6％）、雇用・労働分野（36・3％）という順番になっており、規制緩和による負の影響が考えられる社会分野を改革すべきという声が多くなっています。医療や教育の規制は必ずしも国民の側を向いた純粋なものではなく、医療や教育関係者自身の利益が絡んでいることを敏感に感じ取っている人が多いのです。

ただ、そういう理由で株式会社が医療や教育をやるとどうなるのでしょうか。彼らが利益重視になるのは明らかです。身近なところで言えば、美容整形などがそうです。美容整形は医療保険が適用されませんので、治療費は自費です。そのため、美容整形医院は客を集めるためにテレビコマーシャルを頻繁に流しています。営利主義そのものです。

仮に、医療分野が完全に規制緩和されたとすれば、おそらく利益が最も出る分野に集中するのが目に見えています。その結果、風邪の治療など基礎的な分野がおろそかになる可能性があります。そう考えると「あいつが儲けている」とか些細なことに惑わされず、マクロで見ると、医療や教育分野の規制緩和はネガティブな影響を持つことがわかります。それにもかかわらず、社会的規制さえ緩和しろという動きが強まっているのです。

規制緩和の光と影

二つ目は、規制緩和の効果が年々落ちていることです。１９８０年代の民営化は大きなインパクトがありました。国鉄の民営化でＪＲが誕生し、日本電信電話公社の民営化でＮＴＴが誕生しました。これら両企業に象徴されるように、運輸や通信といった規制が強かった分野で競

図5-3 規制改革による利用者メリット

（億円）

（分野）	（年度）	1997年度における規制改革による利用者メリット	2002年度における規制改革による利用者メリット	2005年度における規制改革による利用者メリット
電気通信	移動体通信	13,177	26,297	27,876
運輸	国内航空	1,915	2,730	1,206
	鉄道	42	2,604	4,840
	タクシー	28	77	125
	トラック	15,667	32,312	64,308
	自動車登録検査制度	5,331	8,350	8,642
エネルギー	電力	10,542	26,405	56,630
	都市ガス	308	2,275	4,579
	石油製品	15,130	22,660	21,410
金融	株式売買委託手数料	1,494	4,695	5,291
	損害保険	575	2,135	3,155
飲食料品	米	1,702	5,267	6,249
	酒類販売	3,145	8,742	7,957
再販指定商品	化粧品・医薬品	173	807	1,182
利用者メリット合計（対国民所得比率）		**69,227（1.8%）**	**145,355（4.0%）**	**183,452（5.0%）**
国民1人当たり利用者メリット		**5万5千円**	**11万4千円**	**14万4千円**

備考

1. 基準年度と比較した各年度における規制改革による利用者メリットの増加分の累積額。利用者はその年度において、規制改革がなかった場合よりも、この金額分だけ大きいメリットを享受している。
2. 2005年度におけるタクシー、トラック、自動車登録検査制度、及び酒類販売の利用者メリットについては見込値。
3. （対国民所得比率）は「利用者メリット創出額／名目国民所得」。名目国民所得は「経済見通しと経済運営の基本的態度」及び「経済見通しと経済財政運営の基本的態度」の実績値。
4. 国民1人当たり利用者メリットは、各年度における規制改革によるメリット額を、総務省「人口推計」の各年10月1日現在人口で除した。
5. 本表中の数値は億円未満を切り捨てたものであり、分野別メリット額の積上額は合計額と必ずしも一致しない。

出典：内閣府政策統括官「規制改革の経済効果」（平成19年）

争が促されることで、社会に活気が出るだけでなく、新製品やサービスなどのイノベーションも生まれました。

特に、情報通信の領域での規制緩和は1980年代以降の日本に大きなインパクトをもたらしました。NTT以外にもソフトバンクなどの巨大企業が生まれましたし、何よりも携帯電話は最大のイノベーションです。良きにつけ悪しきにつけ、携帯電話にかけるお金が多くなり、ここに大きなビジネスチャンスが芽生えました。

図5-3は、内閣府が規制改革による経済効果として利用者メリットがどれだけあったかを計測したものです。それによると、14分野で合計18兆円以上の利用者メリットがあるとしています。ただ、分野別に見ると利用者メリットには明らかな差があります。移動体通信やトラック、エネルギーの規制緩和は大きなメリットがある一方で、飲食料品や再販指定商品のインパクトはそれほどでもありません。さらに言えば、この14分野はそれなりに大きなものばかりです。これ以外にも規制緩和は無数に行われていますが、大きな分野の規制緩和がなくなれば、そのメリットがなくなるということです。

規制緩和は、進めば進むほどその効果は減少していきます。当たり前ですが、利益の出る巨大なフロンティアが消滅していくからです。例えば、地方では今、役所の警備・受付業務などの民間委託が行われていますが、この種の業務の開放で資本主義が活気づくでしょうか？　パ

図5-4　G7における市場規制指標

〈日本の市場規制レベルはG7の平均程度〉

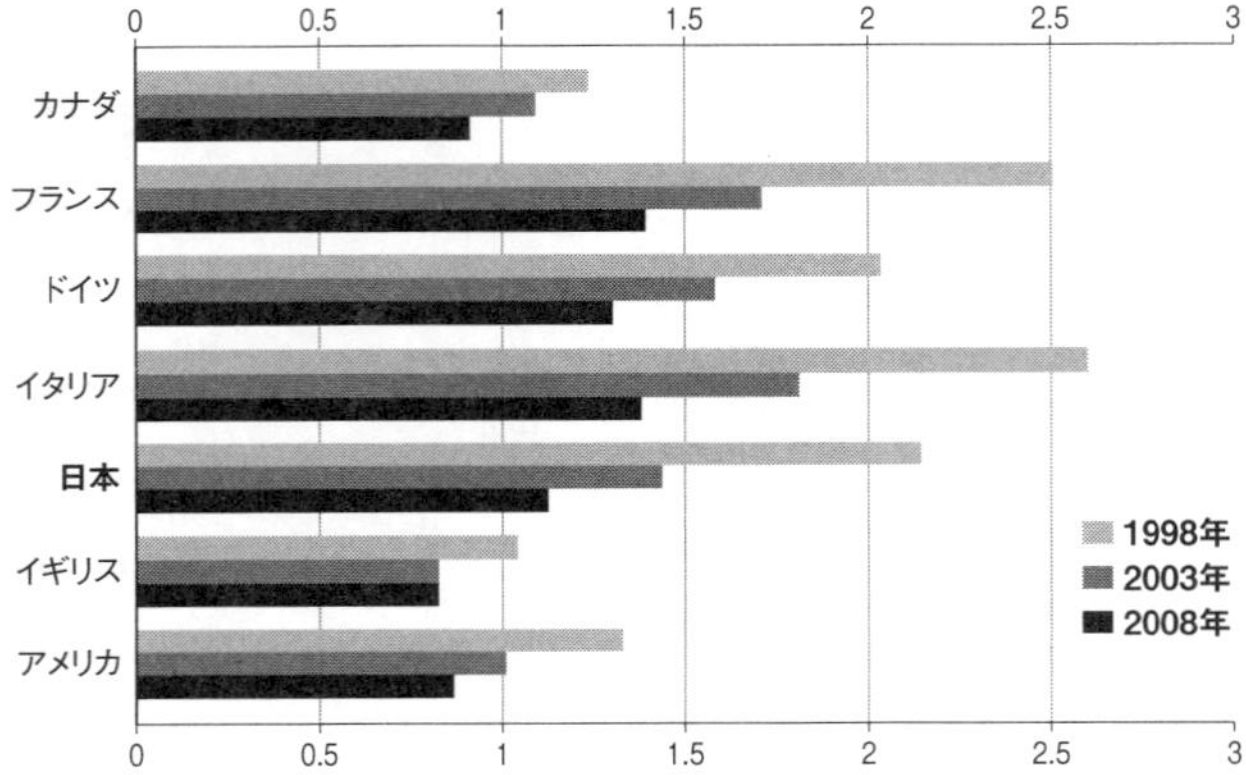

出典：『グラフで見ると全部わかる日本国の深層』髙橋洋一著（講談社）

ブリックビジネスと呼ばれていますが、経済全体に及ぼす影響はほとんどないと思います。

もちろん、まだまだインパクトのある分野は残っている、規制緩和のペースが手ぬるいという反論もあるでしょう。例えば、髙橋洋一氏は、日本の規制緩和はそれほど突出していないことから「この程度のものを修正したら、日本が規制緩和で鎖国するのと同じになるわけで、世界から取り残されるだろう」と述べています（図5-4）。

また、経済財政諮問会議議員で日本の構造改革を引っ張ってきた八代尚宏氏も小泉構造改革の問題点は方向性（小さな政府路線）ではなく、それが不十分・不徹底なことだったとして、規制緩和のやり方がまずかったという見解を示しています。

例えば、タクシーの規制緩和の場合、台数が増えたにもかかわらず、価格が下がらない料金設定の規制が残っていたために、運転手の所得が減りました。そうであれば料金設定の自由化を行い、値下げで消費需要を喚起すべきであったと指摘しています（八代尚宏著『新自由主義の復権』中公新書）。

ただ、この両者の主張も相当怪しい。なぜなら、規制緩和が成長をもたらしていないからです。例えば、タクシーの料金設定の自由化について、大阪の事例で説明することにしましょう。大阪では5000円を超えた分の料金が半額になります。例えば、大阪から神戸で料金が1万2500円だったとします。この場合、5000円を引いた7500円は半額となるので、料金は5000円＋3750円＝8750円となります。

関西弁で言えば「えげつない仕組み」です。客はいいかもしれませんが、タクシー運転手にとっては自分の取り分が減るわけですから、辛いでしょう。

その一方で、この半額制度でタクシー業界が活気づいたという話もそれほど聞きません。仮に規制緩和によって売上が増えていれば、需要が掘り起こされたということになりますが、結果的にタクシー業界の売上は増えていません。

シャッター商店街と中小零細の没落を生み出す規制緩和

三つ目は、規制緩和にはメリットもありますが、そのコストを中心にデメリットも大きいことです。例えば、経済的規制は不必要だと思われていますが、経済的規制で守られて生活を何とか維持してきた人もいますので、そういう人々の生活は大きく揺らぐことになります。中でも、シャッター商店街に象徴される自営業者が代表的事例です。

製造業には経済的規制などありませんので、経済的規制の主な対象は国内サービス業です。製造業は自由競争の中で優れた製品を作ることで競い合っている。それに対して、タクシーの台数規制が典型例ですが、国内サービス業の中には競争から守られているところもあります。

ただし、国内サービス業の多くは中小零細企業です。そんなこともあって、経済的規制は中小零細企業同士の過当競争による共倒れを防ぐという意図もありました。また、中小企業と大企業の格差は「二重構造」として常に政策課題となってきたことも大きな要因です。つまり、保護すべき対象だと考えてきたわけです。

しかし戦後、時を経るにつれて中小零細の国内サービス業を守るという考えは徐々に廃れていきます。特に、バブル経済が崩壊して日本全体が不況に陥ると、消費者利益を犠牲にして国内サービス業を特別扱いするという考えは支持されなくなりました。それどころか、逆に国民からの反感を買うことにさえなっていったのです。

もちろん、これは国民側の不満だけが理由ではありません。中小零細とはいえサービス業者自身にも相応の責任がある。典型的には「お客様に買ってもらおう」という意欲が足りない商店街を思い浮かべるとわかりやすいでしょう。「中小零細のサービス業は甘えている」という印象が強くなったのです。

商店街など国内サービス業の経済的規制が剝ぎ取られていく過程を少し追いかけてみると、その始まりは80年代の終わりです。まず、中小零細の商店街を守るために、百貨店などの大規模店舗の事実上の出店規制を行うための法律で、国内サービス業者を守る規制の代表である「大規模小売店舗法」（略称「大店法」）が大きく注目されたのは1989年です。この年に始まった日米構造協議で取り上げられ、日本の規制のシンボルのように扱われるようになったからです。

1991年には大店法が改正され大規模小売店が出店しやすいようになります。さらに1998年には大店法が廃止されて「大店立地法」が成立します。これによって大型スーパーは深夜まで営業できるようになりました。そうなると、働いているお母さんは誰も商店街で買い物をしなくなるのは当然のこと。小泉構造改革とシャッター通りの商店街が関連しているとよく言われましたが、その下地は相当以前からできていたのです。

また、経済的規制を剝がすだけでなく、経済環境の大きな変化の中で中小企業を格差是正の対象ではなく、イノベーションを引き起こす可能性のある主体と見なすという大転換が小渕政権時代に行われました。

「中小企業＝イノベーションの担い手」というのは体裁はいいが、もはや中小企業を保護している余裕などなくなったということです。小渕政権時代には「中小企業国会」と呼ばれるくらいに多くの中小企業関連立法が国会で成立しています。

規制緩和という看板に騙されていることすら国民は気がつかない

このように規制緩和の効果は年々薄れています。もはや規制緩和によって世の中全体が大きく変化することはあり得ません。それにもかかわらず、相変わらず規制緩和は人気があります。

その一方で、規制緩和や役所をスリム化する行財政改革を、資本主義の行き詰まりの打破という視点から眺める論調はあまり強くありません。そのため、国民の多くは規制緩和をそういう観点から見ていません。巧みに騙されて操作されている。なぜ、国民はうまく騙されているのでしょうか？　資本家がうまく情報操作でもしているのでしょうか？　その理由は四つあると考えられます。

一つ目は、日本では役所を中心とした「官」の存在が大きいことです。そのため、官を変えれば、日本が変わるといった思い込みがあるのです。例えば、バブル経済崩壊後、日本経済の不況が長期化するにしたがって、構造的な問題が背後にあると捉える論調が強くなります。具体的には、官僚や中央官庁の存在そのものが経済社会の不安定化につながっていて、行財政改革や規制緩和で日本経済が変わるかのような論調がものすごく強まりました。

役所には無駄が多いので、「役所の無駄をなくせば増税など必要ない」「役所は規制で民間経済を縛っているので、規制さえなくせば活力が戻って経済が復活する」など、政府の形を変えれば日本が変わるという極論です。

そのピークであり象徴だったのが、小泉内閣で行われた「構造改革」です。構造改革とは、簡単に言えばマーケットの動きを邪魔するものを取り除くということです。この観点から言えば、役所が張り巡らす規制は真っ先にその対象になります。もちろん、規制緩和だけではありません。それ以外にも省庁再編、非営利法人の改革、財政制度の改革など1990年代以降様様な形で行財政改革が行われるようになりますが、これらすべての行財政改革に経済の活性化や不況からの脱出という理念が反映されていました。

規制緩和を中心とした行財政改革の目的は、行政のコストカットだけではありません。規制緩和や行財政改革で日本や日本の資本主義を変えるという位置づけでした。特にバブル経済崩壊後の政府文書では、官を変えることが「この国のかたちを変える」ことにつながるという言及がしばしば見られます。

ここから二つ目の理由を見つけることができます。それは国家切り売り資本主義を政府自身が煽ってきたということです。「〇〇という規制緩和で日本経済は復活する」とか「〇〇政策で経済成長率が〇〇％上昇する」と自ら煽ってきたからです。

もちろん、個々の役所、官僚は規制緩和に抵抗したり、この種の政策に疑問を感じていたとは思いますが、結果的には「規制緩和で日本が変わる」ということを煽ってきたことは否定できません。

公共分野は本来、利益など出ないはずです。それを十分わかっているにもかかわらず、政府はなぜ規制緩和を煽ったのか？　それは日本の官僚は政官業癒着という言葉に代表されるように、民間企業と密接な関係を持っていて、発想自体が生産者寄りだから、そういうDNAが深くインプットされているのです。

「政策バブル」を繰り返してきた日本

もちろん、官僚や政府が煽ったことだけが大きな理由ではなく、マスコミの存在が大きいことは言うまでもありません。これが三つ目の理由です。

米国の資本主義は製造業で行き詰まり、金融へと活路を見いだしましたが、リーマンショックでバブルがはじけてしまいます。ただ、バブルがはじける前までは、ニューエコノミーという言葉が頻繁に宣伝され、もはや不況がない経済に突入したと賞賛された時もありました。それを煽ってきたのはマスコミや政府です。

このプロセスを日本に当てはめるとどうなるでしょうか。規制緩和だけでは限界があることがわかっているにもかかわらず、「○○政策、○○改革で日本は復活する」というように過剰に煽る。もちろん、現実はそんな単純ではなく、政策だけで日本が浮上するようなことはありませんでした。

それでもマスコミは次から次へと「改革ネタ」を探しては、これを過剰に報道してきました。こうやって改革とマスコミの二つを軸にしてバブル経済崩壊後の日本を見ると、大きな特徴があることに気づきます。

それは「政策バブル」です。特定の政策や改革を煽っては、その政策への過剰な期待というバブルを作り上げる。そのバブルがはじけると、また次から次へと政策バブルを作ってきたのがこの20年間です。

規制緩和はもはや効果的ではない、それどころか格差拡大といったネガティブな側面があることがわかっている今現在でさえ、マスコミは何とか規制緩和の政策バブルを煽ろうとしています。

例えば、「岩盤規制」という言葉など、その典型だと思います。1980年代以降、様々な分野で規制緩和が進んできましたが、未だに規制で守られた分野があります。それは、医療・教育・農業・電力などです。こういう業界の既得権は強くて、改革に対する抵抗がものすごいことから「岩盤」という表現が使われているわけですが、「岩盤」という言葉が使われ出したのはごく最近のことです。

誰が最初に「岩盤」という言葉を使ったのか？　朝日新聞のデータベースで調べると、2013年7月4日、参議院選挙前の9党の党首討論会で、みんなの党の渡辺喜美代表（当時）が「……特に岩盤規制がはびこっている電力、農業、医療の3分野は成長分野でありながら成長ができていない」と発言しているのが最初です。

これ以降、岩盤規制という言葉がマスコミに頻出するのですが、ものすごく意図的なものを感じます。率直に申し上げて、これらの岩盤規制を切り崩したからといって、日本は急激に経済成長するでしょうか？　誤解なきように言いますが、私は岩盤規制の分野を保護すべきだと主張しているわけではありません。岩盤規制の突破で劇的な変化は起こらないと主張しているのです。それにもかかわらず、マスコミは「岩盤規制の突破で何かが変わる」というように論じる傾向があります。これこそが政策バブルです。

マスコミが改革を煽り立てるのには、二つ大きな理由があります。まず、改革や規制緩和には必ず、正義の改革に抵抗する既得権益者という悪者が存在するからです。既得権益者という悪者が利権という蜜を吸っているという構造は格好のマスコミネタです。そのため、マスコミは構造的に規制緩和や改革を煽る傾向があるのです。

二つ目は、政府を批判する根拠として民間を持ち上げることができるからです。規制緩和が進められる過程で頻繁に言われたのは、民間の創意工夫についてでした。競争状態にある民間企業は創意工夫で利益やイノベーションを生み出す。そんなきれい事ばかり報道されました。確かに、民間の創意工夫は立派ですが、限界もあります。格好の事例が食品偽装です。どれだけ創意工夫を重ねてもコストカットには限界があります。それにもかかわらず、低価格のサービスや製品が出るたびに、マスコミや一部の学者は「画期的な仕入れシステム」とか「血のにじむようなコストカット」とかと唸る傾向があります。

成長神話がどうして続くのか？

国民が規制緩和に騙されている理由の最後の四つ目は、日本人全体に成長神話が根強いことです。日本の資本主義は行き詰まっています。そのため、もはやこれ以上成長しない＝ゼロ成長を受け入れた上で、現状維持で何とかしようと主張する識者も増えています。

しかし、大半の日本人にはそういう意識がありません。私はこの数年、日本人の経済成長神話がほとんど宗教に近いことを実感してきました。

景気対策を過度に求める「景気教」の側面もあります。私がそう実感するのは、経済学者のように経済の分析を通じてではありません。自分の身近な社会現象を通じてです。

関西在住の私にとって「大阪都構想」がその典型です。大阪都構想をごく簡単に説明すれば、大阪府と大阪市を一体化して東京と同じような仕組みにするということです。具体的に言うと、大阪都といくつかの区に分けることになります。

大阪市と大阪府は歴史的に仲が悪くて、仕事の無駄や重複も多い。統合すれば無駄や重複が省けます。また、産業政策や投資戦略などの大きな話は大阪都が引き受けて、区は身近な住民サービスをする。これだけ聞くと、何となく大阪が良くなりそうです。

その意味では、大阪府と大阪市を統合することはメリットがあります。しかし、それはあくまで無駄の削減という観点からです。また、無駄の削減のみであれば、別々の組織でも十分成果を得ることはできます。逆に、二つを統合することでコンピューターの一元化などで余計な支出が増える可能性さえある。

さらに問題なのは、大阪都にして産業政策や投資戦略を一元化することで、大阪経済が活性化するかどうかです。その程度の改革で復活するでしょうか？

しかし、テレビで堂々と「もはや成長しないのですから大阪都にしても効果はありません」と断言するコメンテーターなどいないでしょう。資本主義自体が行き詰まっているんだから、役所のガラガラポンごときで変わるわけがない……と感じている人はいますが、誰も口に出せません。現状維持でもそれほど変わらないのだから、リスクをとらずに徐々に改革すればどうでしょうか？　とは言いにくい雰囲気が流れています。

なぜ、経済成長や景気に過度に期待するのか？　一種の宗教のようになってしまっているのか？　四つの理由をあげてみましょう。

①経済成長が日本のナショナリズムという概念

第二次世界大戦後、軍備を制限され政治大国になってはいけないと運命づけられた日本で、「日本は素晴らしい」「日本はすごいんだ」というナショナリズムを満たすものは経済成長でした。そのため、経済成長しないと自分達のアイデンティティが崩れていくと感じるわけです。

昨今、韓国や中国への反発から右傾化が指摘されますが、韓国や中国に対しての腹立たしい思いのどこかに、経済的に両国に追い上げられているという焦りがあります。

②上昇志向

欲望に際限はありません。環境破壊してでも儲けたいというのは人間の性です。もっと給料が欲しいのであれば、何はさておき景気回復となります。

③政府への過度の期待

明治以来、日本は官僚主導国家と言われてきました。官僚の多くは東大卒のエリートで、戦後の奇跡的な高度経済成長を実現しました。そのため、官僚を中心とした政府に対する信頼感がどこかにあり、政府なら苦しい不況を何とか打開してくれるという思いがあります。

④景気回復がすべての矛盾を解決すると妄信している

日本社会は平等性が高く、他の国に比べると安定していますが、それでも社会には様々な矛盾や問題があります。昨今では格差問題が最も大きな問題でしょう。

経済成長や景気回復は、これらの社会問題の特効薬であるだけでなく、余計な利害調整のいらない簡単な手段だと思われています。例えば、格差問題や高齢化問題を解決するためには、複雑な利害調整をしながら、受益と負担の関係にまで手を突っ込む必要があります。具体的に言うと、富裕層か中間層に増税を受け入れてもらわないといけません。

しかし、消費増税でもわかりますが、増税するためには多大なエネルギーと時間が必要です。そのため、社会はギクシャクします。そんな複雑な利害調整をするよりは、景気回復すればすべてが解決するということを心のどこかで思ってしまう傾向があるわけです。

第六章 企業が収奪する日本資本主義の正体

勝者がわかりにくい日本型資本主義

第六章では日本の資本主義が抱える最大の闇である「搾取」と「格差」を扱います。どうして日本ではこの二つがわかりにくいのでしょうか？「日本にわかりやすい勝者がいないから」というのがその答えです。米国では1％あるいは0・1％の人間が多くの富を得ています。そのため、誰が搾取しているのかがはっきりとわかります。いくら努力の差だとしても、儲けている人間と搾取されている人間のコントラストは鮮やかに浮かび上がっているのです。それに対して、日本では誰が勝者なのかわかりません。

本章での議論をわかりやすくするために、搾取と格差が見えにくい日本型資本主義の構造の大枠をお話ししておきます。次の四つの要因から、日本型資本主義は搾取と格差の二つが非常に見えにくい構造になっています。

①日本の労働市場は、雇用が何よりも重視される「内部労働市場」である

会社は雇用を保障することの引き換えに、労働者をこき使ってきました。そういう状況の中で、多くの人はサービス残業が露骨な搾取であるという認識を持たなくなってきています。

また、「企業の雇ってやる」という傲慢な態度を受け入れざるを得なくなっているのも、搾

取されている意識を希薄化していきます。長期不況になり、企業がやむにやまれずリストラに手をつけるようになる中で、リストラされれば路頭に迷ってしまうサラリーマンの多くは、企業にすがりつくしか身動きがとれなくなってしまった。

その結果、雇用を保障してもらえるだけでもありがたいという雰囲気になり、サービス残業や賃金の抑制にも抵抗感が少なくなっていきました。

②バブル経済崩壊後、日本は長期不況に陥っているが、大企業はそれほど調子が悪くない

不況だと言いながら大企業は黒字を積み上げているのです。意外と知られていませんが、家計の赤字を補塡するくらいに大企業は儲かっています。それを象徴するのが「内部留保」という言葉です。企業は利益を出しているにもかかわらず、労働者にも経営者にも配分せず、ひたすら内部にため込んでいるわけです。

ここからわかると思いますが、日本では会社という組織が勝ち組です。資本家や労働者という「人」が勝ち組ではない。会社という組織にすべての富が集中する会社中心の資本主義システムであるため、搾取と格差は非常に見えにくいということです。誰を相手に怒っていいのかがわかりにくいのです。

③社長はそんなに儲けていない

典型的なのは中小零細企業の社長です。彼らは資本家そのものですが、サラリーマンよりも苦しんでいる人が多いと思います。中小零細企業の場合には、社長自身が資金繰りなどで追い詰められています。労働者を過酷に働かせる以上に自分にも過酷に鞭を打っているという意味では「搾取される資本家」状態です。資本家と労働者というように単純に割り切れないことが物事を複雑にしています。

④会社という組織に富が集中していること、目立った勝者が少ないこと、内部労働市場が主流となったことで格差が世代間で目立つようになった

日本では富裕層の多くは年配者で、いきなり大金持ちになる若者はそんなにいません。しかも、富裕層は多いが超富裕層は少ないことも大きな特徴です。学歴でも出自でもなく、「世代」が格差の最も大きな尺度であれば、搾取や格差のリアル感が薄れます。

この四つが覆い被さることによって、日本型資本主義は誰が勝者かわからない、非常に複雑なシステムとなったわけです。

内部労働市場を支える四つの要素

内部労働市場とは、企業内部で雇用を維持するような労働市場のことを言います。景気が悪くなり、企業業績が悪化したとしても、企業は残業削減・配置転換・関連会社への出向・採用抑制などで、なるべくリストラせずに従業員を抱え込む。これが内部労働市場です。ギリギリまで会社は社員の雇用を守ろうとするのが日本の労働市場の特徴であり、あたかも美徳であるかのように言われてきました。

それに対して、外部労働市場とはこの逆で、景気が悪くなれば解雇されるような労働市場のことです。ただし、解雇されやすい分だけ、労働市場は流動的なので転職しやすいという利点があります。

アメリカの映画では、上司と喧嘩して私物を箱に詰め込んでオフィスを出て行く主人公というシーンがたびたび出てきます。主人公は落ち込むことなく、求人情報やコネを利用して次の就職先を探しに行く。あれが外部労働市場です。リストラされやすい分だけ、労働市場は流動的で、四六時中、人の出入りがあるために、再就職に抵抗がないということです。もちろん、雇用が常に不安定なわけですから、その分だけストレスも大きい。

内部労働市場を支えるのは、四つの要素です。終身雇用・年功序列賃金・企業別労働組合。この三つを称して「三種の神器」と言います。これらに新卒一括採用を加えて、四つの要素が日本の内部労働市場を作ってきました。

この四つの中でも、内部労働市場の中核は「終身雇用制度」です。終身雇用制度の下では、一旦就職すると定年まで解雇されません。終身雇用のメリットは、①雇用が保障されるので生活が安定するし、様々な見通しを立てやすい、②長期間働けるので、幅広い様々な仕事能力を蓄積することができる、③企業にとっては、従業員の企業への帰属意識、忠誠心を確保することができる（これは昨今のアルバイトの悪ふざけ［ツイッター投稿など］と比較すれば、そのメリットの大きさがよくわかる）などです。

なお、終身雇用は日本の特徴と思われていますが、一般的には高度経済成長期から本格的に根づくようになったと言われます。また、終身雇用は経済成長が大前提です。経済成長していなければ企業はいくら抱えたくても雇用を抱え込めないからです。そのため、不況が短期間であれば、企業は終身雇用を維持しますが、長期にわたった場合には雇用を抱え込むことが難しくなります。

安定した終身雇用制度であるからこそサービス残業は成り立っていた

日本経済が順調だった１９８０年代までは内部労働市場や終身雇用は磐石でした。１９７０年代の石油危機や１９８０年代の円高不況などもありましたが、日本企業は大きなリストラをすることなく、雇用を抱えて危機を乗り切りました。そんなこともあって、労使協調で会社への忠誠心が高まっていきました。

その結果、労働者は会社のためにとにかく働くというのが一般的になりました。私が大学を卒業した頃はバブル経済真っ只中で、リゲインという栄養ドリンクの「24時間戦えますか？」という宣伝文句が一世を風靡していました。徹夜で会社のために働くことを誰も疑問に思わないという時代でした。

私が旧労働省に入省したのは、そんなバブル真っ盛りの平成2年のことでした。私が労働基準局労働時間課という部署に配属された時は、日本人の働き過ぎが世界的な問題となっていました。そのため、欧米並みの年間1800時間に労働時間を削減することがこの部署の目標でした。

1800時間にするためには完全週休2日制の導入、有給休暇の完全消化、残業時間の削減の三つが条件でした。こういう状況下で、私は新人キャリア官僚として「有給休暇を取得しやすくするための政策」を立案する仕事を経験しました。当時、先輩達が「有給休暇の取得促進は問題ないだろうが、残業規制は難しいだろう」と話していたのをよく覚えています。

長時間残業の弊害が明らかになるにつれて、日本の残業時間の規制が欧米に比べて緩いことがしばしば指摘されてきました。規制は表面的なもので、事実上の抜け道があるからです。ただし、企業の圧力に役所が屈して規制を緩めているわけではありません。

日本では、残業時間が景気の調整弁の役割を果たしているのです。解雇規制が緩い国では、景気が悪くなれば労働者を解雇して、景気が回復すれば採用を増やします。しかし、日本では終身雇用が一般的であるため、景気が悪くても解雇できません。その一方で、景気が上向いても急激に採用を増やすわけでもありません。解雇が規制されているため、余分な人員を抱え込めないのです。

そのため、残業時間を調整弁にするわけです。景気が上向けば、少ない人数で長時間残業をして乗り切る。逆に景気が悪化すれば残業時間を減らす。これは終身雇用を前提にした企業にとって都合が良いだけでなく、労働者にとっても都合が良いものでした。なぜなら、残業代が支給されるからです。中央官庁でも残業は常態化していましたが、搾取といった暗い雰囲気はどこにもありませんでした。

終身雇用制度が磐石だった時代、残業時間についての認識などこの程度のものだったということです。残業代が支給されなくても誰もサービス残業とは思ってもいない。雇用が保障されている状況では、搾取されているという感覚さえなかったということです。こういう感覚が染みついていると、サービス残業＝搾取であると敏感に捉えなくなります。

雇用か賃金かを迫られてきたバブル経済崩壊後のサラリーマン

バブル経済が崩壊して、不況が長期化するようになって以来、終身雇用制度は翳《かげ》りを帯びます。不況が短期間であれば何とか持ちこたえることもできますが、不況が長引くと矛盾が噴き出すからです。

こういう状況で、終身雇用を巡って社内にはギスギス感が強くなります。中高年のリストラの是非がその典型です。見通しのつかない長期不況になれば、人手は慢性的に余るようになります。特に大量採用してきた中高年は、年功序列賃金で給料が高い。そのわりには働きが悪い。若い時のように身体が動かなくなることもあり、働き盛りの30～40代に比べると生産性は落ちてしまいます。経営者としては、経営状況が悪化したなら働き盛りを残し切り捨てる社員を選別したくなるところでしょう。

内閣府発行の「日本経済2011－2012」によると、企業が抱える余剰人員「企業内失業者」は、最大465万人に上るとされます（2011年9月時点）。また、著名な大企業などでも「追い出し部屋」など中高年リストラを巡る悲哀が頻繁に報道されました。

そんなこともあって、終身雇用制度については「解雇規制の緩和」がここ最近ずっと話題になっています。我が国では、裁判所（司法）が、客観的に合理的な理由を欠き社会通念上相当な理由として是認できない場合は「解雇権の濫用になる」＝「解雇権濫用の法理」という考え方を確立しているため、企業としては容易に解雇できません。これが厳しすぎるという企業側の批判が強くなっているわけです。

ただ、「労働経済白書」などの分析から言うと、企業は年功序列や終身雇用を完全に捨て去ってはいません。「労働経済白書」はたびたび企業や従業員が長期雇用をどう考えているかについてのアンケートや統計を公表しています。図6-1を見てみると、バブル経済崩壊後も、企業が長期雇用を重視していることは明らかです。しかも長期雇用の重視は企業規模にかかわりません。その一方で、非正社員の積極的な活用や現実に行われている中高年リストラを考えると、終身雇用でカバーされている人は確実に減少していることも間違いありません。

もっと悪いこともあります。それは、経営者がこの不況をうまく利用して、労働者に厳しい鞭を打ち付けるようになっていることです。具体的に言いますと、「雇用を保障してやっているんだから過労死するくらい働け」「雇用を保障してやっているんだから給料が下がることくらい我慢しろ」という二つです。

先述したように、終身雇用制度の下で労働者の多くは無茶な働き方をさせられてきました。雇用を保障するかわりに家族生活を犠牲にして単身赴任するというのが代表的な事例です。家族との時間よりも会社を優先する。ここまで労働者の忠誠心を引き出せたのは終身雇用を維持してきたからでした。

その終身雇用や年功序列賃金などに改革を加えるだけでなく、場合によってはリストラさえ

図6-1　長期安定雇用に関する企業の評価

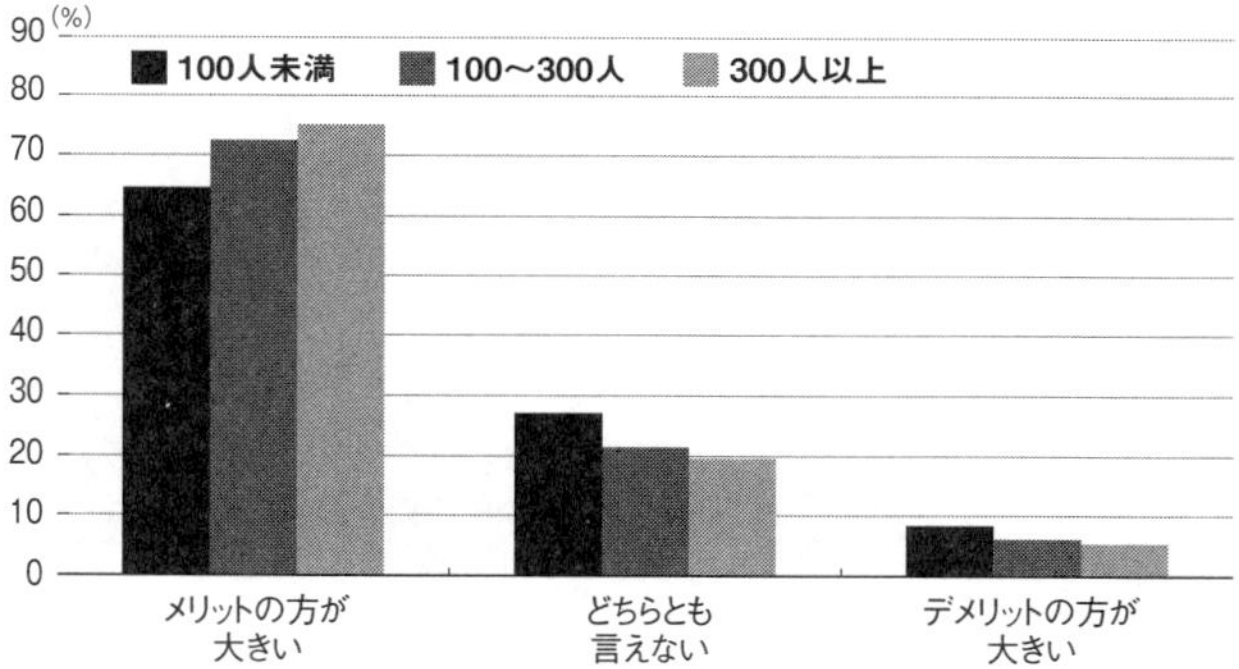

注
1. 調査における「長期安定雇用のメリットの方が大きい」及び「どちらかといえば長期安定雇用のメリットの方が大きい」の和を「メリットの方が大きい」とした。
2. 調査における「長期安定雇用のデメリットの方が大きい」及び「どちらかといえば長期安定雇用のデメリットの方が大きい」の和を「デメリットの方が大きい」とした。

出典：「労働経済白書」（平成22年版）

辞さないにもかかわらず、「これだけ企業は苦しいんだ。イヤなら辞めてもらってもいいんだよ」と言いながら、より過酷な労働を強いるようになったのです。

それが最も如実に表れたのが、この20年間の賃金の抑制です。労組や労働者に「雇用か賃金か」を迫ったあげく、給料を抑えてきたのです。春闘では賃上げを一切拒否する一方で、雇用を維持することで労使が合意する。こういうパターンが一般的でした。

ただ、現実にはイジメまがいのやり方で退職に追い込む事例もあり、必ずしも企業が純粋に雇用を守ってきたとは言いがたいところもあります。こういう状況から判断して、企業はいかに雇用というものを高く売りつけてきたかがわかります。

ここからは次に論ずる企業の儲けとつながってきますが、ここまで労働者に迫ったということはよほど企業は苦境に追い込まれているのかと思いきや、企業は長期不況でも利益を上げてきました。しかも、その利益を誰に分配することなく内部留保という形でため込んだのでした。

おそらく、労組はそれを知っていたはずです。御用組合は正社員さえ守れればそれでいいと考えたのでしょうか？　その一方で、労働者の多くも企業の理不尽さは知っていたはずです。少し資料を見れば、会社の利益が上がっているかどうかはわかるはずです。

それにもかかわらず、なぜ労働者は理不尽な企業の要求に従ったのでしょうか？　御用組合は会社と利益を共有しているのでしょうが、個々の労働者は必ずしもそうではないはずです。

内部労働市場をカバーするだけのシステムが育っていない日本の現状

労働者が理不尽な企業の要求に従順だったのは、終身雇用で会社にしがみつく以外に有力な選択肢がなかったからです。ここでは、内部労働市場に代わりうる選択肢として、①職種別労働市場が形成されている分野が少ないこと、②転職市場が整備されていないこと、③能力開発が役立たないことの三つを取り上げてみましょう。

企業は終身雇用を完全に捨ててはいないので、サラリーマンなら誰だって企業にすがりつこうとする気持ちを捨てきれていません。マーケットや実力重視の再就職には不安が募ります。これが多くのサラリーマンの本音です。なぜ、サラリーマンの不安は払拭されないのか。それは、職種別労働市場が当てはまる分野が日本にはほとんどないからです。日本の労働市場は「○○という資格があればメシを食っていける」というような状態にはなっていないのです。医師・パイロット・大学教員など職種別労働市場が形成されている分野、法曹資格などの業務独占資格の分野は非常に限定されているため、有力な選択肢にはなりません。

そのため、○○という資格を取った、大学院を卒業して専門能力を身につけたということが何の強味にもならないのです。職を得るために努力のしようがないということです。そもそも、日本企業では職務分担がはっきりしていないという構造問題もあります。

次に、転職市場が依然として活発化していないことがあげられます。以前と比べると、日本でも転職する人は増えました。例えば、中途採用制度をとる企業は増えているし、「第二新卒」という形の採用も定着しています。未だに新卒一括採用が主流ですが、終身雇用のレールを踏み外しても次の職を見つけることはできる柔軟さが出てきました。

それでは、どれくらい労働移動が高まったのでしょうか。

これだけ転職機運を高めたにもかかわらず、転職率はそれほど大きく上昇していません。図

図6-2 入職、離職の状況の推移

転職や配置転換（同一企業内からの転入）は増加傾向にある。

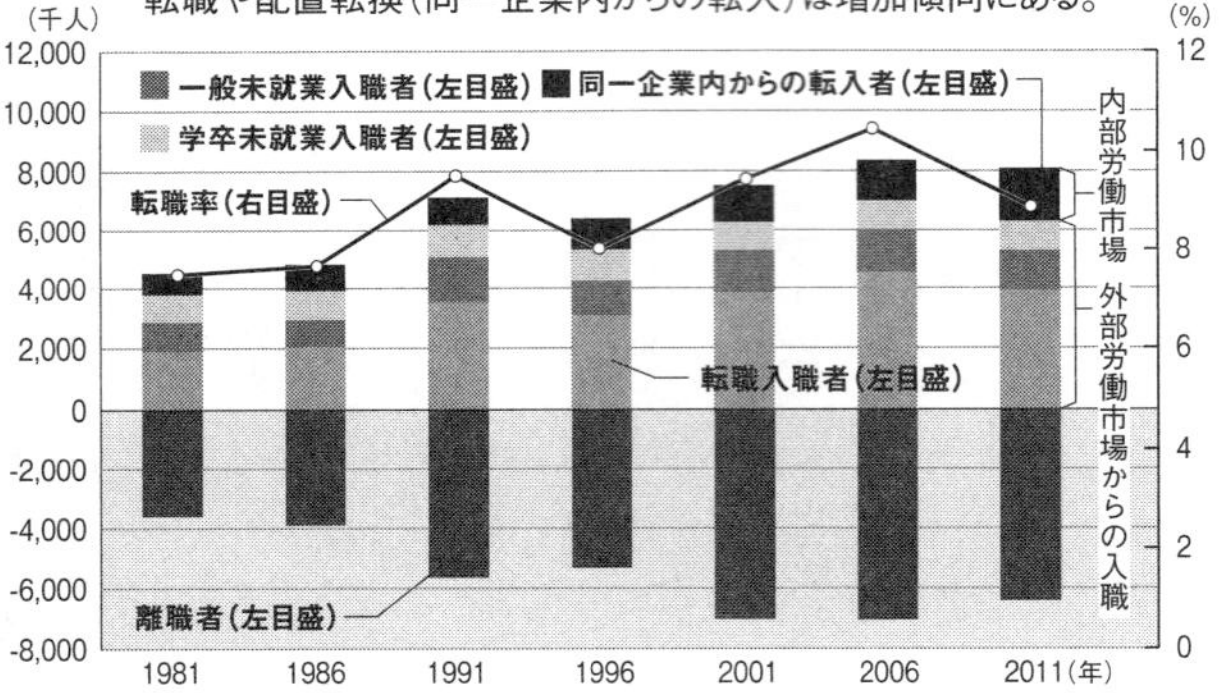

注
1. 1981、86年は一般産業（建設業以外）の値、91年以降は産業計の値。企業規模計、就業形態計の値。
2. 転職率＝転職入職者数／常用労働者数（調査年の1月1日現在）×100

出典：「労働経済白書」（平成25年版）

6－2は転職率の推移を見たものです。配置転換など同一企業内からの移動を除くと、外部労働市場からの転職者数やその率は90年代以降増加してはいますが、転職が活発に行われているというわけではありません。

政策の流れを見る限りでは、厚労省には転職を規制しようという意思などありませんし、かつてのように終身雇用重視のバイアスをかけているわけでもありません。それにもかかわらず、転職率が高まらない最大の理由は、日本の労働市場の性質としか言いようがありません。細かな理由はいくつも積み上げられるのでしょうが、労働市場にスムーズなマッチング機能が備わっていないということです。

職種別の労働市場はなく、転職することも難しい。こうなると能力開発など役に立たないのは言うまでもありません。医師資格や法曹資格といったわかりやすい資格を取らない限り、資格で生きていくことなどできないからです。日本のような曖昧模糊とした労働市場では人脈やコネが最も役に立つ。こんなことは誰でも知っています。

しかし、人脈やコネが機能するかどうかはタイミング次第。こうなると企業にしがみつくしか選択肢はありません。とにかくクビにならないようにしがみつく。搾取されているか、成果主義で賃金に格差が発生しているかなんてかまっている暇はない。そういう必死な状態の労働者が大半だと思います。

なお、ここでは主に正社員を扱ってきましたが、正社員でさえここまで追い詰められていたことを考えても、非正社員はもっと辛い状況に追い込まれていたのは言うまでもありません。

企業に対する日本人の純粋な思い込み

搾取と格差が見えにくい二つ目の要因は、先述したように、儲けているのは大企業を中心にした企業だということがあります。特定の大金持ちの資本家が巨大なステーキとケーキを食う一方で、多くの労働者が飢えているような国であれば、搾取と格差の構造がよく見えますが、会社という組織が最も潤っているのであれば、誰に恨みを向けてよいかわからず、搾取と格差は見えにくくなります。

図6-3　家計と企業の粗貯蓄対名目GDP比

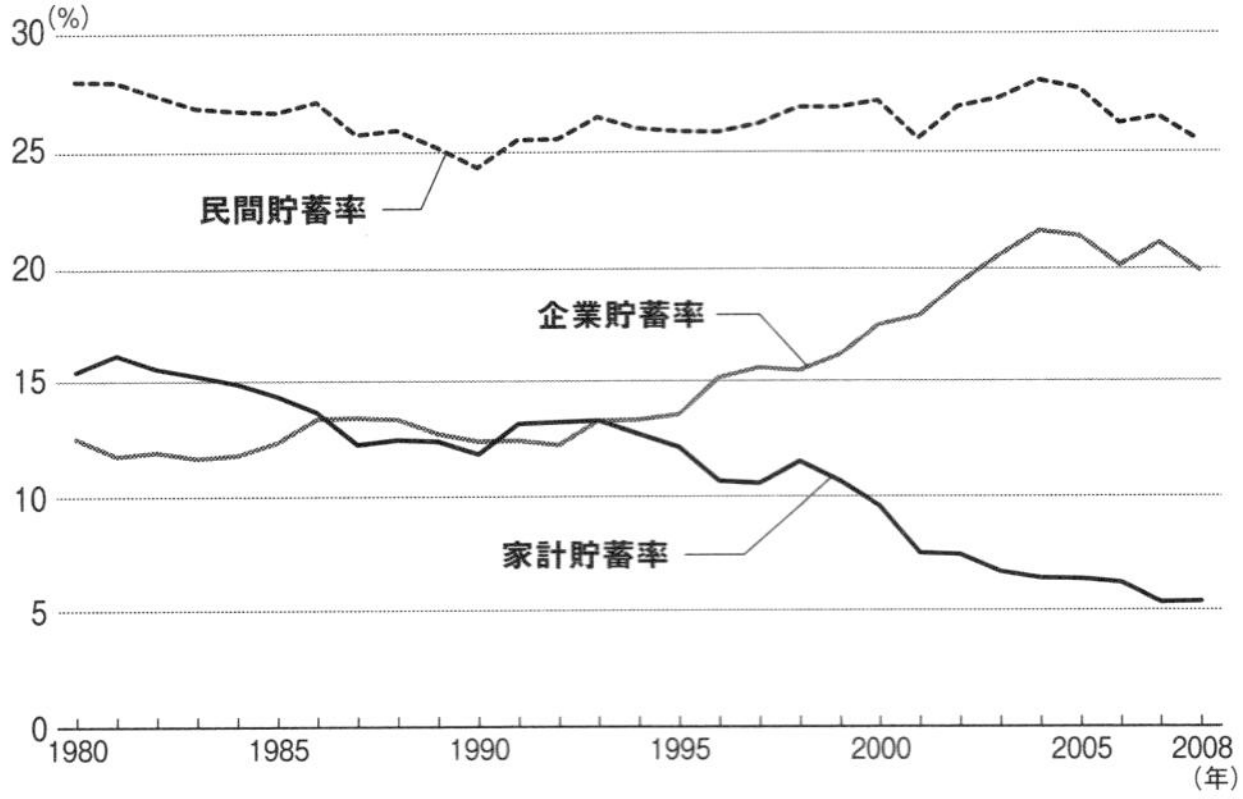

注
企業貯蓄は非金融法人企業と金融機関の合計。

出典：深尾京司他『「失われた20年」の構造的原因』

再確認しますが、長期不況で労働者や経営者だけでなく、倒産件数の増加などから企業自身が不況で苦しんでいると思い込んでいる人がいますが、企業は本当に苦しんでいるのでしょうか？

もっと具体的に言うと、大きな損失を出しているのでしょうか？　実態は真逆で、企業は利益を出しています。「失われた20年」と言われるくらいですから、企業は大きな損失を出している印象がありますが、企業全体としてみればプラスの利益を上げ続けています。

財務省の法人企業統計を見ると、少なくともリーマンショック前の２００７年までは企業は利益を計上しているのです。図６－３を見ればわかりますが、家計の貯蓄が減る一方で、貯蓄を増やしているのは企業です。不思議なことに、当たり前の数字でありながら、それほどマスコミで流れていません。

しかも、この貯蓄を生み出しているのは大企業です。不況に苦しむ町工場の一方で、大企業は着実に利益を上げてきたわけです。深尾京司氏の『「失われた20年」と日本経済』（日本経済新聞出版社）によると、資本金10億円以上の法人が全法人の貯蓄の41・5％を占めています。

さらに問題なのは、どういう手段で企業は利益を積み上げたのかという点です。新製品によって付加価値を生み出してきた部分もあるのでしょうが、コストカットも大きな要因です。人件費を徹底的に切り詰め、設備投資も控えてひたすら黒字を積み上げてきたわけです。

実際、国際比較してみると、日本企業は経済成長の果実を内部留保などに回しており、雇用や賃金には回していないことがわかります。図6‐4では、各国の経済成長率の大きさと雇用・所得の伸びの関係を推計し、経済成長率1％に対し雇用・所得の伸びがどの程度なのかを分析しています。

日本は各国と比べると、所得・雇用とも伸びが低い。特に、雇用の伸びは著しく小さく、フランスと比べれば半分以下の大きさしかありません。つまり、諸外国と比べると、日本企業は経済成長の果実を所得や雇用という形で労働者に配分していないということです。

図6-4 経済成長の雇用・所得への波及効果

1. 1%の経済成長率がもたらす雇用・所得への波及効果

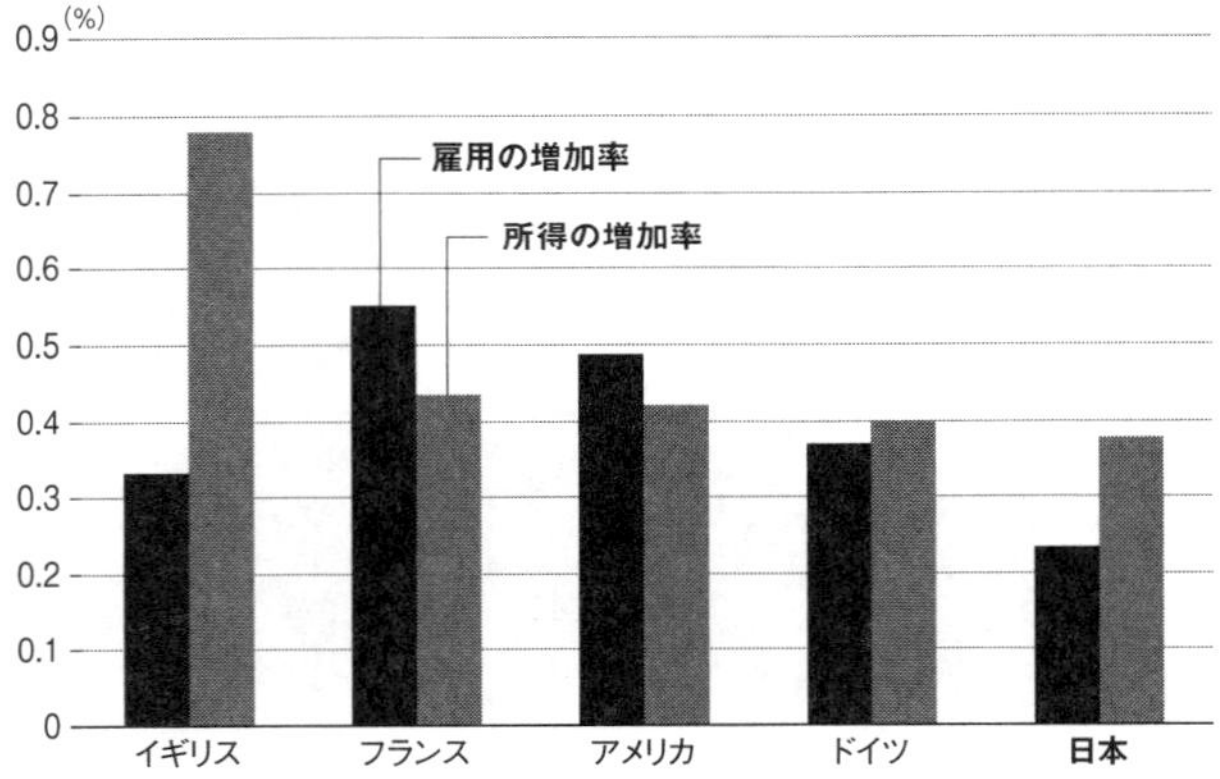

2. 1%の経済成長率がもたらす労働分配率の変動の大きさ

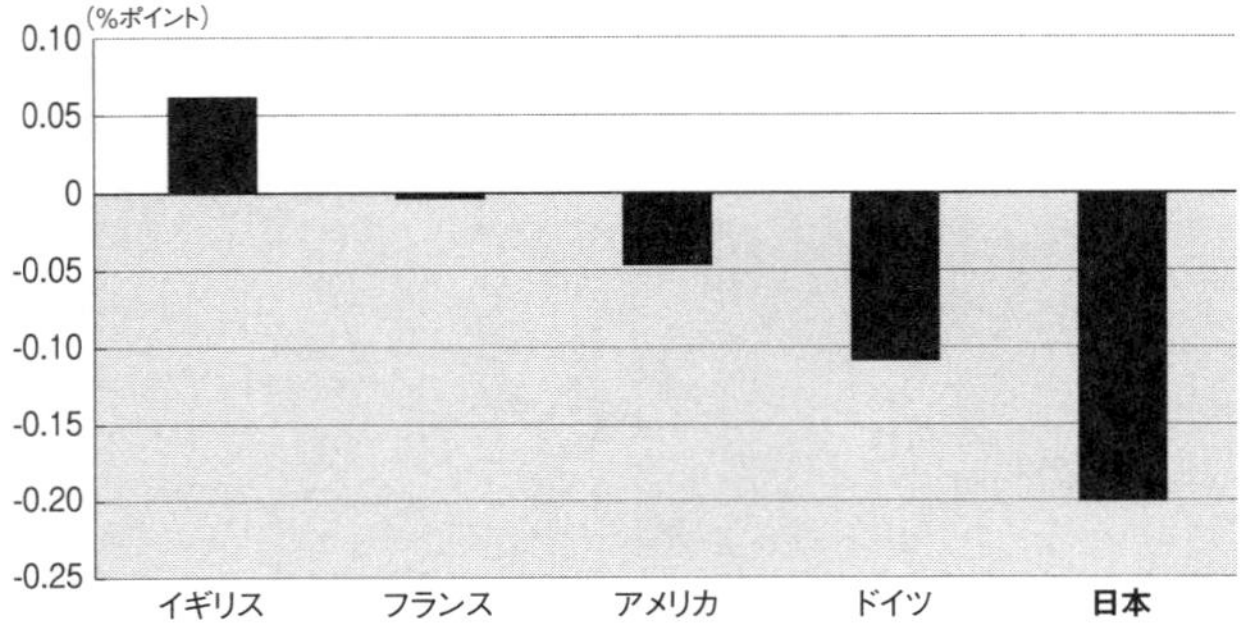

資料出所:OECD“National Accounts”をもとに厚生労働省労働政策担当参事官室にて推計

注

1%の経済成長率がもたらす雇用の増加率、所得の増加率、労働分配率の変動の大きさはそれぞれ最小二乗法によって推計した下式の係数a、b、cである(計測期間:2000年〜2006年)

$\dot{E}=a\dot{X}$　$\dot{E}$:雇用者数の前年比(%)

$\dot{W}=b\dot{X}$　$\dot{W}$:一人当たり雇用者報酬(雇用者報酬/雇用者数)の前年比(GDPデフレーターで実質化、%)

$\dot{D}=c\dot{X}$　$\dot{D}$:労働分配率(雇用者報酬/国民総生産×100)の前年差(%ポイント)

$\dot{X}$:経済成長率(実質GDPの前年比、%)

出典:「労働経済白書」(平成20年版)

企業の黒字収益は一体どこに消えているのか?

それでは企業の黒字はどこに消えているのでしょうか？　ここでは脇田成氏の『賃上げはなぜ必要か』（筑摩選書）に基づいて説明してみます。

法人企業統計をもとに企業の利益がどこに配分されているかを「人件費」・「設備投資」・資金運用や利益剰余金などの「内部留保」に分けて見てみると、80年代は設備投資と人件費に比例して配分されているのに対して、90年頃のバブル期には設備投資が人件費を上回ります。バブル経済だったので、企業もその波に乗ってどんどん投資した時代です。

バブル経済の足取りが不安定になる98年までの小康期はまだ設備投資が人件費を超えていますが、98年の銀行危機以降、利益剰余金が上昇傾向に転じるとともに、自己資本比率が上昇して、純資産が大幅に増加します。この流れから明らかだと思いますが、企業は利益の配分先を明らかに変えてきました。また、純資産が増えて自己資本比率が増加したことからわかるように、企業は金融機関などに依存しなくてもいい状態になっています。

ちなみに、同書では自己資本がどのようにして増えたのかを分析しています。それによると、自己資本比率とは自己資本÷総資本です。自己資本比率が高いということは、銀行などから借り入れせずに自分の会社のお金で運営できているということです。

自己資本比率はバブル期に19％前後であったのが２０１０年度には35・６％に上昇していま

す。また、自己資本比率の上昇は大企業だけでなく、資本金1000万円以上の中堅企業にも見られる広範囲な現象です。

それでは、どうして自己資本比率は増えたのか？　自己資本比率を上げるためには、分母の総資本を減らすか、分子の自己資本を増やすしかありませんが、結論から言えば、分子の自己資本が増えているのです。その最大の要因が内部留保の増加です。

ここからわかると思いますが、企業はバブル経済の崩壊に直面して危機感を強め、いつ危機がくるかわからない、自己資本を豊富にして備えておこうという行動に著しく偏っているということです。

企業はなぜ国民から責められないのか？

企業は利益を上げる一方で、庶民は苦しんでいる。それにもかかわらず、なぜ国民は企業に対して従順なのでしょうか。具体的に言いますと、①リストラなどのコストカット路線を素直に受け入れる、②企業から「雇用か賃上げか」を迫られたあげく、腰折れ的に雇用の維持を最優先する、③強気な企業の態度に対して従順なのはなぜなのか、ということです。

未だに日本では企業に対する抗議運動もなければ、反ウォールストリート運動のようなものもありません。主な理由としては社会・労使・企業の三つに関連したものが考えられます。

まず、社会全体の豊かさです。リストラされてもどこかに職がある、職がないにしても生活は何とかなるという程度の豊かさのベースが保たれていれば、誰も文句は言いません。若者がサービス残業でこき使われたり、非正規労働を余儀なくされても反乱しないのは、それなりの生活ができるからです。

次は、日本のお家芸とも言える労使協調です。苦しい時こそ、労使で我慢して助け合おうということで、雇用の維持だけで満足してしまっています。

三つ目は、企業性善説です。企業は悪くない、取り巻く環境から考えて仕方がない。そういう世論が強いということです。企業性善説はいくつかのパーツからなります。

①金持ち経営者が少ない

1億円以上の役員報酬をもらう人は公表されていますが、米国と違って金持ちCEOはほとんどいません。リストラをする側も苦しんでいることがわかれば、批判をしにくくなります。

②日本人自身にとって日本企業はナショナルブランドである

日本人にとって、戦後日本の経済成長と日本企業は誇りであり、ナショナリズムを代替してくれるものです。ナショナリズムを体現する日本企業が苦しんでいる以上、国民も痛みを分かち合わなければいけない。そのため、戦時中と同じで「贅沢は敵」という感覚が強くなった結果、リストラや賃金カットでさえ「贅沢は敵」という感覚で受け止めてきたとは考えられないでしょうか？

③日本人は避けられない現実と国際社会に弱い

「企業は厳しいグローバル競争に巻き込まれているのが現実だ」と言われると、反論できないのが日本人なのです。現実は変えられるという意識が弱いとも言えます。

その厳しい現実の背後にあるのが、国際社会やグローバル経済といった大きな存在であれば尚更です。戦前の孤立の嫌な思い出があるのか、日本人は国際社会・グローバルといったものに対して脆弱です。世界各国ではグローバルな動きに対する反乱が起きていますが、日本ではグローバルは殺し文句になってしまいます。

内部留保というすべてを誤魔化す魔術

企業だけが儲けている、しかも、その儲けは内部留保として積み上がっているというのは、搾取と格差の構造をものすごく見えにくいものにしています。搾取と格差を際立たせるためには、人と時間の二つが非常に重要だからです。

「たった一人の王様とその他の貧困層」のように、搾取と格差は人を基準にしています。人を不幸にして搾取するのは人でなければリアリティがないからです。企業が儲けているというのは、繰り返しますが、怨嗟の念もリアリティも芽生えさせません。

それに加えて、会社という組織が繁栄するというのは一体感をもたらすので、ものすごく質が悪いのです。「会社が潰れたらすべてが終わってしまう。経営者も労働者も……だからがんばるのよ」という脅し文句は日本ではものすごく有効です。従業員を脅したことで有名になった、たかの友梨ビューティクリニックでも同じような文句をたかの氏が述べていました。その一方で、彼女が自分の給料を抑えてすべてを従業員に回していたかと言えば、基本的にそんなことはないでしょう。テレビ番組では自分の豪華な外車遍歴を自慢しておられました。いずれにしても、会社が繁栄する＝内部留保というのは資本家と労働者の一体感をもたらす一方で、搾取と格差の構造を隠すのに効果的なのです。

もう一つの評価軸は時間です。搾取や格差は現在かどうかが非常に重要です。今現在、誰が誰から搾取しているのかが重要なのです。今現在、パイの取り分を巡って争っているからこそ、誰でも目の色が変わるわけです。そういう観点から言うと、内部留保というのは非常にわかりにくい。

例えば、大企業の多くはまさかの時に備えて巨額の内部留保を持っています。しかし、永遠に続く会社などあり得ませんし、苦境に陥れば内部留保を取り崩さないといけないし、株主配当を高めろと言われることもあるでしょう。あるいは、内部留保を持つ必要性がなくなれば、会社はこれらの利益を還元するかもしれません。

その時、これまで労使で我慢して積み上げてきた内部留保は誰かの懐に入ることになります。会社が潰れない限り、誰かが利益を得るのです。例えば、会社が不況でリストラされそうになったが、何かの偶然で生き残った人が、もしかしたら20年後に漁夫の利のように内部留保の果実を得るかもしれません。あるいは、株主配当がものすごく大きくなって、20年後の株主が利益を得るかもしれない。将来という軸で考えると、やはり怨嗟や怒りはわいてこないのです。誰が果実を得るかがわからないのに怒りようがありません。

なお、内部留保と時間の関係から「搾取と格差の見えにくい国＝ニッポン」では、目立たない勝者が存在することがわかります。それは「長期間にわたって立場を維持し続ける者」こそ、富の獲得者であり、勝ち組に分類されるということです。どのような形であれ、会社に居続ければ出世する可能性があるかもしれないし、内部留保の果実を得ることができるかもしれないからです。

最もわかりやすいのは、損得感情なく自分が働く会社の株を持ち続ける人です。ある日、会社が上場して株式の価値がはね上がり、ストックリッチになるという光景をよく見ました。ただ不思議と、こういう人々に対しては誰も怨嗟の念を抱かなかったはずです。

格差と搾取を見えにくくしている「自分を犠牲にする資本家達」

搾取と格差が見えにくい三つ目の要因は、我が国では資本家が必ずしも勝ち組ではないということです。企業規模を問わず、資本家は労働者から搾取しています。それによって金持ちになっている。それにもかかわらず、日本では必ずしも「資本家って最高！」という印象がない。なぜなのでしょうか？

一つ目は、資本家という生き方がそれほど人気がないからです。我が国では、労働者から搾取した果実は会社の内部留保に回っていて、資本家という個人には回っていないことは先述しました。その内部留保はどこにたまっていたかというと大企業です。

また、我が国では大企業と中小企業の格差が問題となってきたように、大企業が何かと優位に立っています。その圧倒的に力のある大企業では「サラリーマン社長」が大半でした。自ら創業した社長は稀で、多くの社長はサラリーマン、雇われの身です。

こういう大企業と中小企業の関係からもわかるように、我が国では一流大学を卒業して一流企業に入り、そこで立身出世して社長になるというのが尊ばれました。人は人を判断する時、学歴・所得・社会的地位（職業の威信）で判断すると言われますが、雇われ社長はその三つを満たすからです。その一方で、自ら起業して社長になるというキャリアは人気がありませんでした。大企業との力関係もありますし、ゼロから創業して大企業にまで発展させるというのは容易なことではないからです。

確かに、バブル経済崩壊後、自ら起業して大儲けした人はたくさんいます。新興富裕層というのは大きな話題にもなりました。しかし、その比率は圧倒的に低い。だからこそ、余計に楽天・ユニクロ・ソフトバンクなどの創業者が目立つということになります。

内部労働市場が磐石で、「雇われる」という働き方を選択する人が増加し続けたのは戦後日本の大きな特徴です。諸外国では必ずしも雇われるという働き方が主流ではありません。その一方で、日本では起業するという選択肢は魅力がない。現実に自営業は減少し続けてもいます。図6-5は起業がどれだけ人気があるかを国際比較したものです。これを見ればわかるように、我が国は他の先進国に比べても起業しようとする者が少ない。このように起業・自営業が人気がなくて少数者になっていったこともあるのか、世論も「雇用が危ない」と言うことがあっても「自営業が危ない」とは言いません。

自分の身を恐ろしいくらいに削る資本家という生き方

二つ目の理由は、大半の資本家は労働者以上に自らの身を削っているからです。我が国では、

図6-5 起業活動従事者の推移

我が国の起業活動従事者の割合は低い

1. 所得水準と理由別の起業

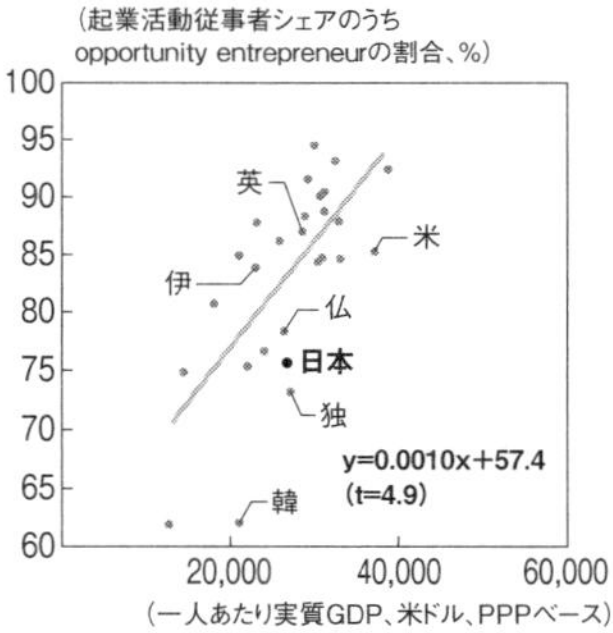

2. 起業活動従事者シェア（opportunity entrepreneur）の国際比較

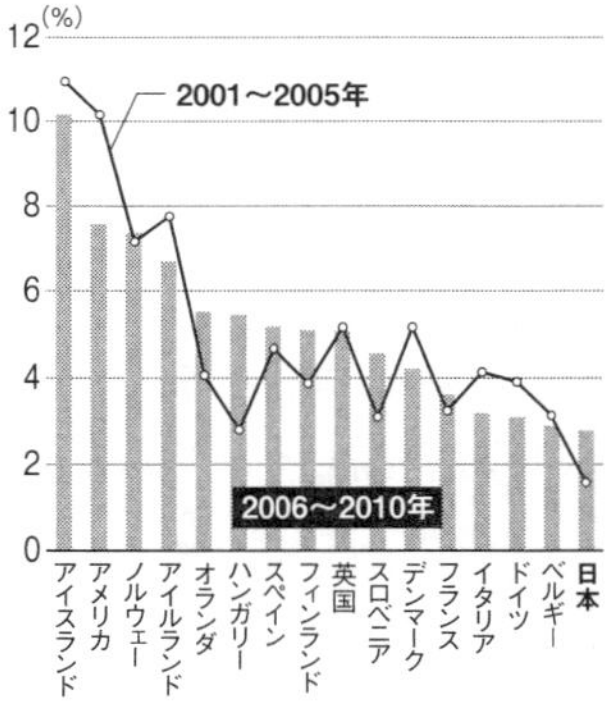

備考

1. "Global Entrepreneurship Monitor Report"（GEM, 2001-2010）により作成。
2. 起業活動従事者シェアとは、18 ～ 64歳人口に占める起業活動を行った者の割合（事業開始前、又は開始後3年半以内に限る）。なお、起業活動従事者は、起業の理由別に、他に仕事がなかったために起業した者（necessity entrepreneur）と、他の選択肢があるにもかかわらずチャンスを摑もうとして起業した者（opportunity entrepreneur）に分けられる。

出典：「経済財政白書」（平成23年版）

中小零細・下請けという言葉に代表されるように、起業→自営業はそれほど恵まれているわけではありません。資本家とは名ばかりで、日々何かに追われながら働いています。中規模企業のオーナー社長など資本家らしい資本家もいますが、その数は目立つほどではありません。

もちろん、中小零細企業のオーナー社長のすべてが良心的で我が身を削っているわけではありません。その中には労働者をこき使う悪徳資本家もたくさんいます。

私はかつて厚生省生活衛生局指導課という部署で課長補佐をして

いたことがあります。この部署では生活衛生関係営業（理美容、旅館、クリーニングなど）を所管していました。この業界は中小零細企業が多かったのですが、彼らは必ずしも良心的というわけでもありませんでした。

自分達が苦しい分だけ、何とか労働者から搾取しようという気持ちもそれだけ露骨でした。その典型が労働時間の規制強化に対する態度です。当時、週48時間労働を40時間にしようとしていた時期でしたが、40時間労働になると8時間分だけ給料を余分に支払わなければいけません。こうなると強欲資本家はとにかく反対ばかりします。

ある中華料理店を経営するオーナーが「従業員は客がこない間は雑談をしている。ああいう時間がなぜ労働時間なんだ？　何とかならないのか」と真顔で文句を言ってきたことがあります。客がこなくても拘束時間は労働時間です。私は呆れ返って彼の顔を眺めていましたが、こういう意識の資本家は現実にものすごく多い。

その意味で、中小零細を含めて資本家は自らの苦しみを少しでも和らげようと、労働者から搾取しようとします。あくまで私見ですが、中小零細になればなるほど、労働基準法をはじめとした法律を守るという意識も乏しくなる傾向があります。その一方で、中小零細企業のオーナー社長の多くは、恐ろしいくらいに心身を削っていることも事実です。労働者から搾取する以上に、自分自身が資本主義から搾取されているという感じです。自営業を営む身近な資本家から聞いた話などから総合すると、資本家が命を削る要因は以下のようなものです。

まず、資金繰りの大変さです。資金がショートすればすべてが終わってしまう資本家にとって、銀行からの資金は命綱に等しい。しかも、金融機関から融資を得るためには連帯保証人制度で親族などの身近な人間を巻き込まなければいけないのです。この心理的負担は半端ではありません。

取引相手がいつ不渡りを出すか、倒産するかとヒヤヒヤしなければいけない。取引相手が不渡りを出せばすべてが終わります。「毎日、とにかく、朝起きたら取引先が大丈夫かを確認する」と友人は言っていました。

次に、仕事をくれる格上の大企業の要求には、心身を削って応えなければいけないことです。「〇〇円でネジを作れ」と言われると、それに応えるために努力しなければいけない。「できない」と言うと、仕事は他の会社に行ってしまいます。

これらを含めて、資本家は様々なリスクをとらないといけません。当たり前のことですが、失敗すればすべてが終わってしまいます。このリスクをどう評価するかがポイントです。アメリカのように失敗が許される社会では、リスクをとるという行為を重く評価する必要はありません。

しかし、日本のように失敗すれば連帯保証人制度で親族に害が及ぶだけでなく、自分自身も自殺に追い込まれるかもしれない、という社会では、起業というリスクは搾取されること以上に辛くてしんどい。だからこそ、起業に人気がないわけです。

資本家すら儲からない日本

三つ目の理由は、これだけ苦労しているにもかかわらず、自営業者はそれほど儲からないことです。リスクに見合う儲けがない。これが起業や自営業に人気がない最大の理由です。

例えば、玄田有史氏は「劣化する若年と自営業の所得構造」（『日本の所得格差と社会階層』所収、日本評論社）で、1990年代を通じて自営業者は雇用者よりも所得面で相対的に不利化していることをデータで実証しています。

マスコミでは、華々しく起業して大成功した創業者の事例ばかりが流れます。しかし、その裏側には廃業や倒産に追い込まれる資本家もたくさんいたということです。最もわかりやすい零細事業主の集まりである商店街はシャッター街に変わりました。それだけ困窮した自営業者が多かったということです。

我が国の金持ちと言えば、創業者と医者です。ただ、金持ちになれる創業者はごく一部です。多くは中小零細企業の社長の地位に甘んじています。それでもまだ倒産や資金繰りで追い詰められて命を絶つ資本家に比べればましです。

さらにわからないことは、資本主義社会でリスクをとらない医者がどうして金持ちなのかということです。診療報酬という公定価格の世界で生きている医者が金持ちであるということ自体、いかに我が国が歪《いびつ》な社会になっているかを示しています。

ちなみに、医療や福祉など社会保障という税金でまかなわれる公的な世界では、医者以外にも隠れた金持ちはいっぱいいます。例えば、鈴木亘氏は特別養護老人ホームを運営する社会福祉法人の内部留保の総額は、2010年度末に約2兆円になることがわかったと指摘していますす。社会福祉法人は家族・同族経営が多いため、これらの膨大な資金は相続されていくわけです（『社会保障亡国論』講談社現代新書）。

「資本家でさえ儲からない一方で、公的な世界でビジネスをしている人間が不当に儲けている」ということに絡んで、搾取と格差を見えにくくしている要因の最後の四つ目に移りたいと思います。

資本家でさえ儲からない日本という社会では、搾取と格差を線引きする明確なものがないということです。一億総中流社会が崩れつつあるとはいえ、富裕層と貧困層、儲かる職業と搾取される職業の明確な線引きはありません。その結果、日本では「世代間の不平等」というものが、格差や搾取の基準として過剰に注目されるようになっています。

図6-6　富裕層人口の年齢別内訳 2010年（地域別）

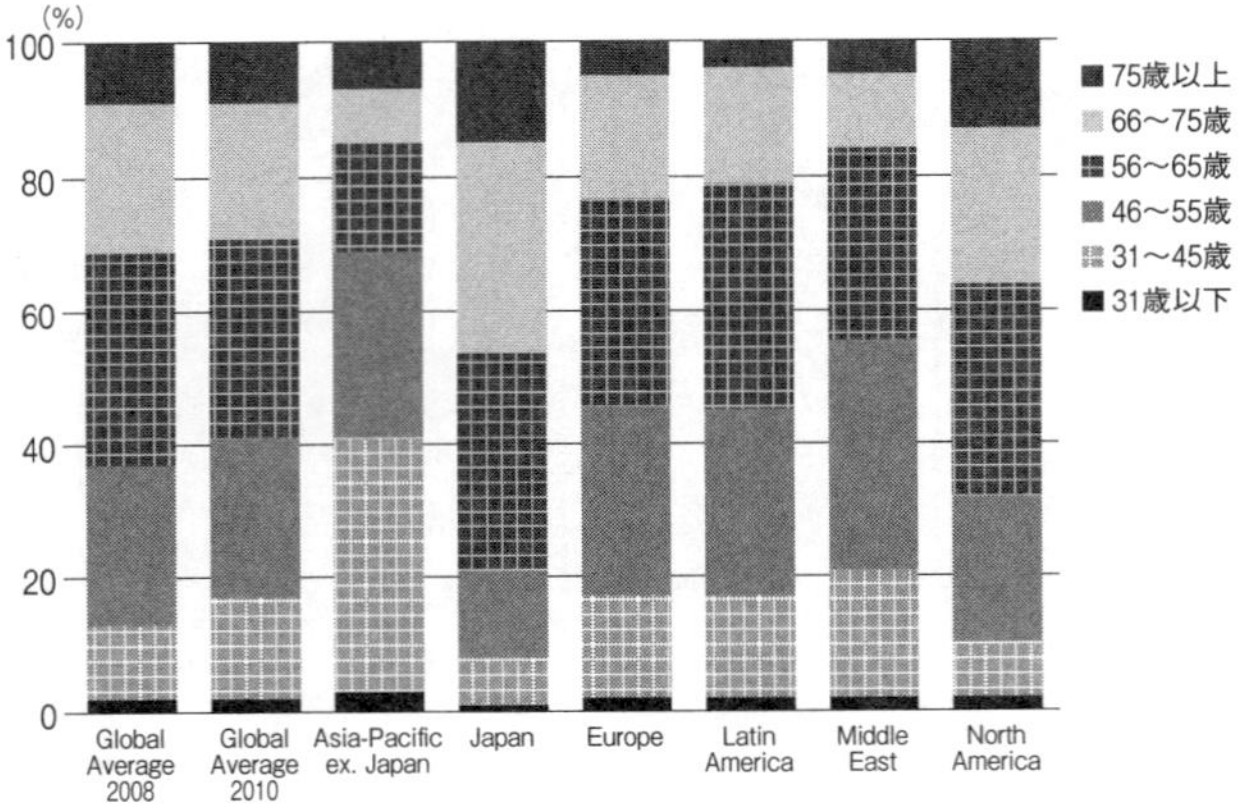

注
端数処理のため比率の合計が100%にならない場合がある。

出典：キャップジェミニ/メリルリンチ・グローバル・ウェルス・マネジメントアドバイザー調査2009年、2011年（ワールド・ウェルネス・レポート2011日本語版World Wealth Report 2011を三菱UFJメリルリンチPB証券が翻訳したもの）

世代間の不平等の代表的なものを二つあげましょう。まず、社会保障の配分が年金や医療など高齢世代向けに偏っているだけでなく、今現在必要な年金給付額を現役世代数で割って負担する賦課方式をとっていることもあって、高齢世代と若者世代では受益と負担のバランスが著しく悪いことです。簡単に言えば、負担している以上に高齢者は多額の年金などを受け取っている。その一方で、若者は負担ばかり強いられて、将来、負担に見合った給付を受けることが保障されていないということです。

もう一つは、若者と中高年の雇用機会を巡る議論で、解雇規制が厳しいために中高年がクビにならない一方で、企業は採用抑制という形で帳尻を合わせるため、しわ寄せがすべて若者に向かっているということです。

この二つに加えて、若者にチャンスが少ないことも世代間格差の温床になっています。図6-6を見ればわかるように、日本を除くアジア太平洋では数多くの新しいタイプの起業家が出現しており、富裕層の41%が45歳以下であるのに対して、日本では富裕層の80%が56歳以上で、45歳以下は8%にすぎないのです。

超大金持ちになると、さらに高齢者が多くなります。日本に2万6386人存在するビリオネア（資産10億円以上の富裕層、日本の全人口のわずか0・02%）の平均年齢は72・6歳だそうです（小林昇太郎「資産10億円超！　メガ富豪の職業、学歴、住まい」『プレジデント』2012・4・2）。

世代間格差はなぜ搾取と格差を見えにくくするのか？

世代間の格差ばかりが話題になることが、なぜ、搾取と格差の構造を見えにくくするのでしょうか？　次の三つから説明していきます。

①高齢者は弱者という印象が強い

高齢者がどれだけお金を持っていても、弱者と見なされるため、世代間の対立というのは先鋭化しにくいのです。

②高齢者には富裕層がいる一方で、貧困層も多い

多様性があるため、高齢者を怨嗟の対象となる勝者とは見なしにくいのです。

③高齢者に金持ちが多いということは、努力すれば何とかなるという希望が持てる

誰だって真面目にコツコツ働き、質素倹約していれば相応の金持ちにはなれるということです。その意味では、金持ち高齢者というのは多くの人に夢と希望と安心感をもたらします。運だけで金持ちになった若者イケイケ創業者よりは、はるかに平等で安心な印象をもたらすのです。

このように世代間格差は決定的な亀裂にはならないのです。それに加えて、日本では誰だって真面目に働きさえすれば、資産1億円程度の金持ちになれる可能性はある豊かな平等社会ということも大きなプラス要因です。

実際、日本では富裕層は多いが、超富裕層は非常に少ないのです。ボストンコンサルティング（2014・6・10）によりますと、2014年で家計資産100万ドル以上の富裕世帯数は米国・中国に次いで日本は世界第3位ですが、家計資産1億ドル以上の超富裕世帯になると日本

図6-7 主要投資部門別株式保有率の推移

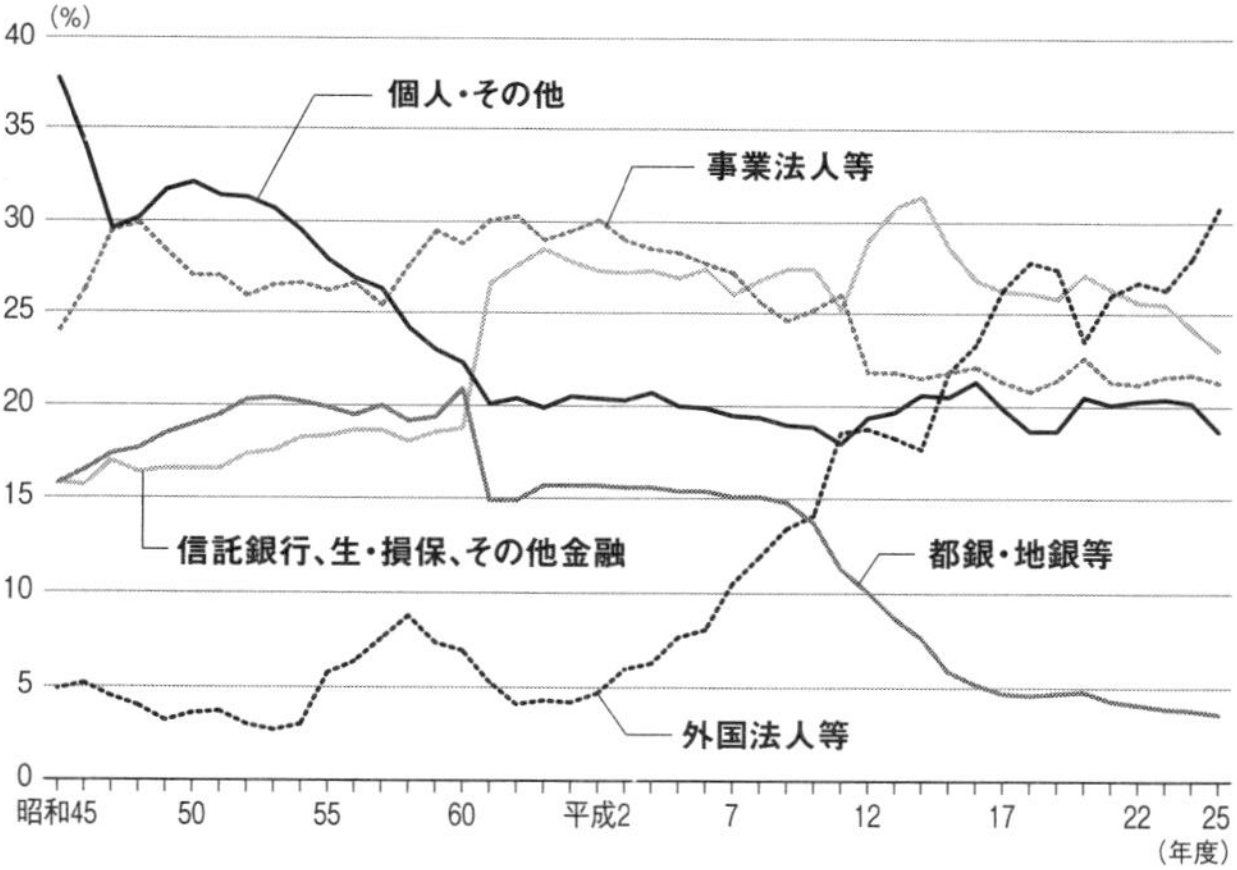

出典：(株)東京証券取引所他「平成25年度株式分布状況調査の調査結果について」(平成26年6月19日)

はランク外です。ちなみに順位は米国が首位で順次、英国→中国→ドイツ→ロシアとなります。

もう一つあげるとすると、日本の富は日本人ではなく、外国人に向かいつつあるというのも物事を複雑にしています。先述したように、大企業を中心に会社は利益を上げています。

その利益はどこに向かっているのかと言えば、それは主に内部留保ですが、もう一つ向かっている先があります。それは株主への配当です。

それでは誰が株主として儲けているのかと言えば、実は日本人ではなく外国人です。図6-7を見てください。株主の構成が年々変化していることがわかります。

株式保有比率の推移を見ると、金融機関や事業法人等の保有比率がこのところ低下傾向で推移し、個人は横ばいを続ける中で、外国人の保有比率は平成元年頃から、急速に拡大しているのです。日本人の間で格差が拡大しているというよりも、外国人が日本の富を奪いつつあるというのが正確かもしれません。

第七章 政治や国家はあなたを守ってくれるか？

政府しかマーケットの動きを止めることができない

　ここまで、日本の資本主義の現状を見てきて、給料が増えない理由はよくおわかりになられたと思います。資本主義が行き詰まる中で、資本家や会社や労働者で少なくなるパイの奪い合いが起こり、労働者はパイを巡る配分争いで負け続けている。それが給料が減り続けている要因です。

　それでは、今後、我々の給料や雇用、労働条件はどうなるのでしょうか？　この第七章では、あなたの生活を大きく左右するいくつかの動きをリアルに解説することにします。

　第七章では、政府を主な分析対象にします。具体的には、安倍内閣が何をしようとしているのか、そういった観点を中心にリアルな分析をします。なお、昨年末の総選挙で自民党が圧勝したこともあって、第一次から第三次まで安倍内閣の政策の基調は大きく変化しないと考えられます。

　なぜ政府を分析することがリアルなのか？　それは企業やマーケットをコントロールできるものがあるとすると、それは政府しかないからです。これまで見てきたように、もはや労働組合は労働者の味方とは思えません。完全に御用組合になり下がっていて、国民の生活や労働者の生活を守ろうという気魄は見えません。「国民生活を守れ！」といったスローガンを掲げるだけで、命をかけて実行に移すなんてことは想像できません。

社会の連帯やつながりでは生活が楽になりません。それは理想論にすぎません。例えば、都市部に比べると田舎の方がはるかにつながりが深いですが、過疎化・高齢化・財政赤字の三つが同時に進む田舎では、どれだけつながりが深くても人助けしようがないからです。お互いに支え合うためには富裕層・貧困層を含めて様々な老若男女がいることが大前提です。みんなが貧しくて高齢化していれば、支え合いようがありません。

NPOなどの非営利団体はどうでしょうか？　社会起業家などの新しい働き方も出現していますます。こういう動きには期待できるものの、社会全体に大きな影響を与えるほどの規模になるにはまだまだ時間がかかるでしょう。

このように選択肢を消していくと、最後に頼りになるのは政府しかないことがわかります。資本主義に再び活力をもたらしたり、悪徳資本家による搾取を防止できるのは政府しかありません。

日本は「官僚主導体制」から「政治主導体制」へ転換した

もう一つ、政府を分析する大きな意味があります。それは、現代日本で「政治主導体制」が確立されているからです。１９９０年代の中盤くらいまで、日本は「官僚主導体制」と呼ばれてきました。一般に、官僚とは国家公務員上級職試験に合格した幹部候補生や中央官庁の課長クラス以上の幹部を指します。明治以来、彼らは国家を担うエリートと見なされてきました。彼らが選挙で選ばれた政治家をうまく操って政治や政策を動かしてきたのが「官僚主導体制」です。

官僚主導体制の下では、思い切った政策が実行されません。各省が機械的に物事を決めていきます。また、自分達の利権を削ってまで思い切ったことをすることはありません。各省がそれぞれ自分達の政策をバラバラに実施する。

しかも、各省は権限争いばかりしていて仲が悪い。いわゆる縦割り行政です。そのため、政府全体としては各省の政策をホッチキスでガッチャンコしただけの無味乾燥な政策ができ上がります。文科省は幼稚園のことしか考えない。厚労省は保育園のことしか考えない。子育て全体を考えることがないので、各省の政策がバラバラに積み上がっていきます。

しかし、１９９０年代後半以降、不況が長引き、予算をどこに重点的に配分するのかなどの問題が山積する中、官僚主導体制では苦境を乗り切れないことがはっきりして、政治主導体制にするために様々な改革が実施されるようになります。官僚が機械的にやる政策では不況を乗り切れなくなったのです。

政治主導体制をもっと具体的に言うと、首相主導体制です。理念やビジョンを持った首相を国民が選び、首相がリーダーシップを発揮して仕事の優先順位を決めていく。これが政治主導体制=首相主導体制です。例えば、国土交通省の顔色を見ながら、財務省にも配慮しつつ、すべての項目に満遍なく予算を配分するのではなく、思い切って科学技術に予算を配分する。こういう思い切りの良さが首相主導体制にはあります。

首相主導体制を作るため、1990年代以降、様々な改革が行われてきました。最も古くは小選挙区制度の導入です。この選挙制度で党首の地位が一気に向上します。中央省庁の再編や首相官邸の組織整備もその一つです。首相が力を発揮できるように官邸のスタッフを充実させるなどの改革を行いました。そのような改革が積み重なって、首相主導体制が強化されていったのです。

その結果、日本の政治は、以前と比較すると、首相の政治理念や信念などが政策に反映されるようになりました。役所がどれだけ文句を言おうが、首相の信念が強ければ、それだけで物事は一気に変わる可能性があるということです。このことを踏まえた上で、政府の動きを分析していきましょう。

私達が注視すべき五つの政府の動き

それでは、資本主義の行き詰まり、我々の労働条件はどうなるかという点を中心にすると、政府のどういうところを分析すればよいのか。次の五つが主な観点となります。

①日本の資本主義の復活
②賃金アップ
③労働市場
④労働時間制度
⑤正社員や派遣労働など働き方

資本主義の行き詰まりと、搾取されたり格差が発生したりしている我々の労働条件を考える時、今後、政府がこの五つの課題に対してどう対処しようとしているのかを知ることは非常に重要です。

この五つをリアルに分析するためには「政府公表文書」を見なければいけません。政府の公表文書には様々なものがあります。最も拘束力のあるものは法律です。しかし、法律を見ても何もわかりません。抽象的で短い文言ですし、すでに決定されていることですから、今更知っても遅い。

政府の動きをいち早く知るためには、政府が主催している様々な会議の報告書を読むことです。報告書に書いてあることは政府が未来に向けて思い描くことであり、その中味の相当部分は実現される可能性が高いのです。なぜなら、公表文書で発表した以上、実現に向けて政府はアクションを求められるからです。

政府は様々な会議を主催し、公表文書を作っていますが、最も注目すべきものは二つです。一つ目は各省で開催されている「審議会」という呼称の会議、もう一つは首相官邸で首相が主催して行う会議です。

官僚主導体制時代は、次のようなプロセスで政策が決定されていきました。まず、現場の若手官僚が政策原案を考える。それを幹部の官僚にあげていき何となく骨格を作っていく。それ以降は、考えた政策が国民の利益にかなったものであることを証明するために、労使や有識者で構成される「審議会」で議論してもらい、そこで「答申」という呼称の報告書をもらう。これで政策原案は官僚の一人よがりで作ったものではなく、国民を代表するような偉い人が認めてくれたものという権威が付加されます。

この答申に基づき、法律案を作ったり、予算をつけたりして、国会で議論されて法律や政策ができ上がっていきます。この一連のプロセスを見ると、審議会の答申という報告書が重要であることがわかります。当然、これは公表されていますので、きちんと読んでいれば、役所が何をしようとしているのか一発でわかります。

ただ、マスコミ関係者は忙しいのでこまめに審議会の答申を読む人はいません。自分の専門分野以外のものは読まないと思います。また、審議会の答申には抽象的な言葉が並びますので、読みづらいということもあります。

ちなみに、もっと政策を先読みしたいと思う人は、各省が学者を集めて開催する「研究会」の報告書を読むことをお勧めします。研究会は審議会ほどの権威がなく、議題も中長期的ですが、その分だけ近未来に実施されるかもしれない思い切った政策が提示されているからです。

首相主導を体現した小泉政権

その一方で、昨今、審議会の答申以上に大きな影響力を持っているのは、首相が主催する会議です。首相主導体制ができ上がって以来、官邸で開催される会議が大きな影響力を持つようになりました。最も代表的なものは小泉政権時の経済財政諮問会議です。経済財政諮問会議は学者や経営者といった民間人と各省の大臣で構成されていて、非常に重い位置づけになっていました。この時は、竹中平蔵担当大臣が中心になって民間人の委員と連携しながら様々な革新的な政策が実現されていきました。まさに首相主導を体現していた会議です。

先ほどの官僚主導と首相主導の違いを思い出してもらえればわかりやすいのですが、官僚主導の場合には各省の現場が政策を作り、それを審議会で議論していきます。あくまで主体は各省です。

それに対して、小泉政権時の政策決定の流れは、経済財政諮問会議で重要事項を議論して、首相がトップダウンで決定する。それを各省に命じて各省の審議会で議論するというプロセスになります。こうなると、議論の枠組みはすべて経済財政諮問会議や首相が握ることになります。これは、ものすごく大きな変化でした。

例えば、政府系金融機関を削減するという議題があったとしましょう。各省が審議会を通じてやると、最初から「議題は政府系金融機関を削減することですが、必ずしも期限はありません。5〜10年くらいの中長期的課題です」と枠組みを作ってしまいます。こうすることで議論を先送りして改革の熱意が冷めるのを待つという戦法をとります。

それに対して、経済財政諮問会議が主体となると、最初に首相から「政府系金融機関の削減を議論せよ。先送りせず、1年を目処に実現せよ」と厳命されますので、議論のペースを各省が握れなくなります。そのため、各省が改革の骨抜きを行うのは難しくなります。

その意味では、第三次安倍内閣が発足された今日も、最も分析しがいのあるのは首相が主催する重要な会議の報告書ということになります。

新自由主義だけでは日本は復活しないというジレンマ

次に、前記五つの観点について首相官邸がどのような報告書を出しているかを見ていきましょう。

第二次安倍内閣で中心的な会議になっているのは「日本経済再生本部」です。第二次安倍内閣では、小泉政権時代と違って経済財政諮問会議は重用されていません。成長戦略が安倍内閣の内政の中心であることを考えると、成長戦略を議論して決定する場である日本経済再生本部が最も重い位置づけだと考えられます（これは第三次でも同様だと思います）。

もう一つ着目すべき会議があります。それは「産業競争力会議」です。これは日本経済再生本部の下で成長戦略の具現化と推進について調査し、審議するための会議です。民間委員がたくさん入っていますので、永田町や霞が関にはない革新的なアイデアを出してきます。この会議には楽天の三木谷浩史氏や竹中平蔵氏なども参加しています。この二つの会議の動きを見ながら、まず、資本主義の行き詰まりをどうやって打開しようとしているのかについて解説することにしましょう。

第二次安倍内閣はこれまで成長戦略を二度作っています。最初に策定された成長戦略は「日本再興戦略」（平成25年6月14日）で、二度目は「『日本再興戦略』改訂2014」（平成26年6月24日）です。この二つの文書を分析することで、安倍内閣が資本主義の行き詰まりをどのように打開しようとしているのかが見えてきます。

１９８０年代後半以降、政府は国家切り売り資本主義でフロンティアを拡大しようとしてきました。しかし、もはやそれは限界です。思い切って霞が関や警察や自衛隊を民営化するくらいしか起爆剤がない。それほど規制緩和を中心とした国家切り売り資本主義は限界を迎えています。

かつて、小泉政権のように新自由主義を掲げた政権は、とにかく規制緩和や改革だけを前面に打ち出しました。改革さえすればすべてが解決するかのように過剰宣伝しました。しかし、思ったような結果を得ることができない。それどころか格差拡大というネガティブな問題も噴出しました。そのため、小泉氏以降の自民党政権や民主党政権は、規制緩和や改革を進めるだけでなく、「規制緩和を通じた成長」を意識するようになります。

しかし、それでも上手くいかない。そのため、第二次安倍内閣は頑なに規制緩和や改革という言葉にこだわらなくなっています。成長戦略には改革や岩盤規制という言葉は出てきますが、改革が自己目的化しているわけではありません。

そのため、マスコミは「安倍政権は改革に後ろ向きだ」「成長戦略がないんじゃないか？」と批判しますが、これは正しくない。

もはや規制緩和や改革だけではどうしようもなく、むしろあらゆる手段を使って日本の資本主義のパイを拡大することが重要です。その意味では、キーワードは成長だと思います。第二次安倍内閣の特徴の一つは「過去の失敗に学ぶ」というところですが、徒《いたずら》に改革にこだわっていないという点について、私個人は評価しています。

例えば、日本再興戦略では「中長期的に経済成長を続けていくためには、これまでに無い製品やサービス、システムを作り上げることで全く新しい市場を創造するか、成長・拡大を続ける国際マーケットで増えたパイを取りに行くかの二つのフロンティアを開拓していくしか方法がない」と記述されています。

また、改訂版では「日本の『稼ぐ力』を取り戻す」という文言があるのですが、両者とも徒に改革を打ち出すよりも、はるかに現実的です。

パイの拡大や成長のための手段は様々であり、マスコミで話題になりやすい規制緩和よりも、もっと現実的な政策がたくさんあります。それらを重視しているという点で、改革を通じたパイの拡大という不透明なものよりも、資本主義の隘路《あいろ》の打開について少し期待することができます。

給料を引き上げないと経済が行き詰まるという危機感が強い安倍内閣

次に、資本主義のフロンティアを広げるために、労働者の給料をどう位置づけているのかを見ることにしましょう。この部分は個々人の生活に関係しますので、要注意です。

一般的に言って、政府は個々人の給料にはそれほど関心がありません。高度経済成長期や安定成長期は黙っていても給料は上がっていきましたし、そもそも給料は労使交渉で決めるものであって政府が介入すべきではないからです。

特に保守政権は熱心ではありません。過去の自民党の保守政権もそうでした。それに対して第二次安部内閣は特異です。賃上げに熱心だからです。安倍首相のキャリアから考えて、首相が雇用政策に強い思い入れがあるとは考えられません。それにもかかわらず、どうしてここまで賃上げに熱心なのでしょうか？

最大の理由は、賃上げしないと経済や国力が伸びないと思っているからです。歴代の自民党政権さえ否定してきた集団的自衛権の行使容認を閣議決定したように、第二次安倍内閣は右派政権です。

しかも、中国の軍拡や北朝鮮の不安定化など国際環境の変化のみから、安全保障政策を判断しているとは考えられません。歴史修正主義と言われるように、過去の歴史に対するこだわりがあって安全保障政策を構築しています。端的に言えば、歴史を含めた日本への誇りです。首相のこれまでの言動から判断して「日本」という言葉に対する思い入れがものすごく強い。

そのため、日本という国を考え、国力を考えるという発想に傾きがちです。日本は強くあらねばならない、日本は復活しなければならないなど、日本を大国にしようという思いが強い。

そのためには何が必要かと言えば、集団的自衛権や特定秘密保護法のように安全保障政策の強化とともに、それ以上に経済を復活させなければいけない。軍事力や政治力の弱い日本の最大の武器は経済力だという発想です。

それでは、経済力の底上げを図るためには何が必要かと言えば、まずは企業の力を強くすることです。実際、消費税を増税する一方で、これだけ財政状況が悪化しているにもかかわらず、法人税は減税しようとしています。

ただし、国力を上げて日本が復活するためには、企業力を高めるだけでは不十分だ、と第二次安倍内閣は考えています。企業が儲けた分が労働者に回らないと経済は好転しないということを強く意識している。ここが従来の保守政権と違うところです。動機はどうであれ、私はこの部分も評価しています。キーワードは「トリクルダウン」です。

トリクルダウンに熱心な保守政権

経済を支える二大要素は設備投資と消費です。「もっと良い商品を作ろう」「世間が驚く新商品を作ろう」と考えて、新しい工場を建設する。これが設備投資です。そうやって製造された製品をみんなが買う。これが消費です。経済は設備投資と消費が上手くバランスを保たないと発展しません。

バブル経済崩壊後の日本では、この二者のバランスが崩れました。企業はバブルの経験がトラウマになって積極的に設備投資しない。少し儲かると内部留保に回してしまうので、労働者の給料が上がらない。給料が上がらないと消費しない。消費しなければ商品は売れず、企業は儲からないので設備投資しなくなる。こういう悪循環が発生したわけです。

小泉内閣などは、こういう問題を解決するために「とにかく自由競争だ」と構造改革を実施しました。それによって経済は表面的には上向き、「いざなぎ超え」という長期間の好景気が実現しました。しかし、企業は賃上げしていないので誰も好景気の実感がない。また、好景気とはいっても、なだらかに続いただけで「日本復活」とはいかなかった。

いくら企業が儲かっても、賃金として国民に回らない限り、みんなが幸せを感じるような力強い復活にはならない。みんなにお金が回って、いろいろな形で消費して金が回らないと活気が出ない。誰も幸せを実感できない低成長だけが続き、日本は緩やかに衰退していったのです。

その頃から、企業が儲かること＝給料が増える、ではないという疑いが芽生えました。企業の利益は「蜜が滴り落ちる＝トリクルダウン」のように国民に自動的に還元されるわけではない。ここから「トリクルダウン仮説」が疑問視され出したのです。しかし、労組に支えられた

図7-1 アベノミクスのこれまでの成果

消費税率の引き上げは日本経済に冷や水をかけないか

雇用者所得(1人当たり給与総額×雇用者数)が上昇。2013年4月以降上昇基調にあり、2014年7月には対前年比で3%を超える上昇。2014年にベースアップを実施した企業数は一部上場企業で前年から6倍に増加し、中小企業でも賃上げを行った企業の割合が増加した(約65%の中小企業が賃上げを実施(経済産業省調べ))。これにボーナスの引上げが加わるなど、近年にない賃上げの動きが力強く広がっている。
最低賃金については、2014年度に全国平均で前年度より2%を超える引き上げが見込まれる。最低賃金の上昇は消費性向の高い層の所得を底上げするので、国内消費の増大につながりやすい。

1. 雇用者所得は2013年4月以降、上昇基調

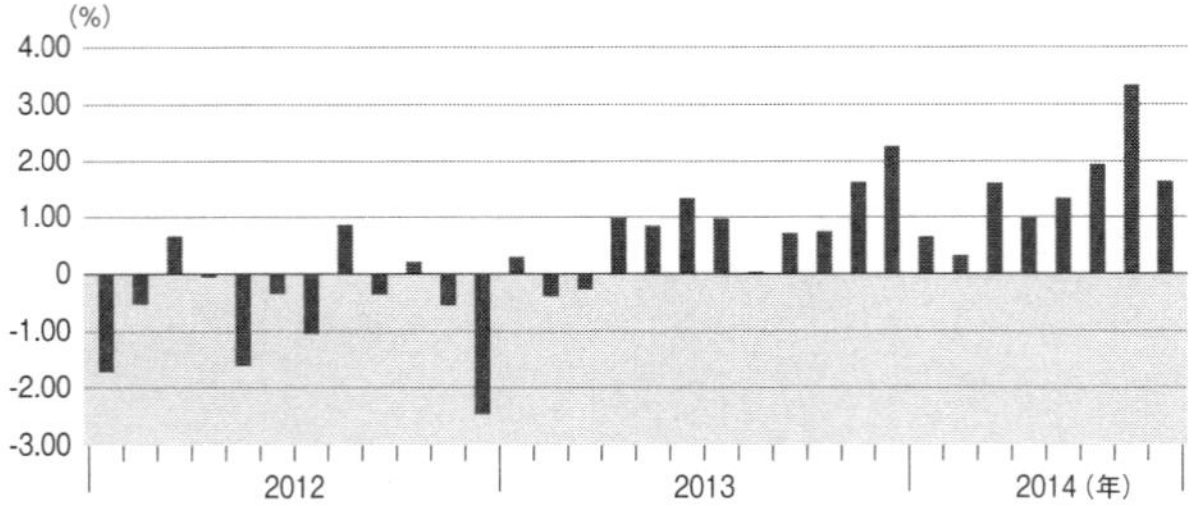

(備考)厚生労働省「毎月勤労統計調査」、総務省「労働力調査」により作成

2. 中小企業の約65%が賃上げを実施

常用労働者(中小企業)の1人当たり平均賃金の引き上げ(定期昇給含む)の状況

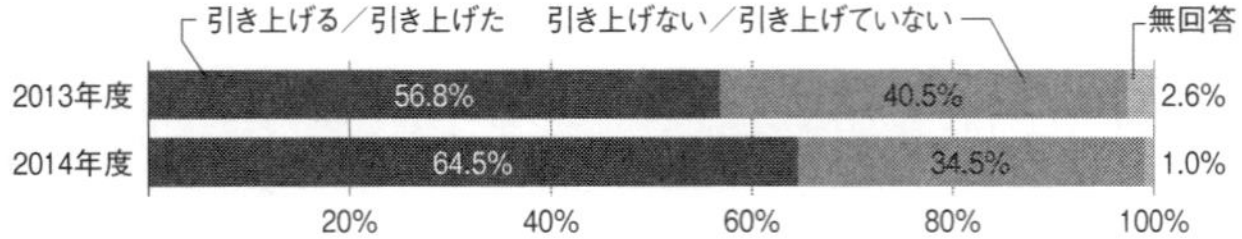

(備考)経済産業省「賃上げ動向に関するフォローアップ調査」により作成

3. 賃上げ率(春闘)は15年ぶりに2%超え

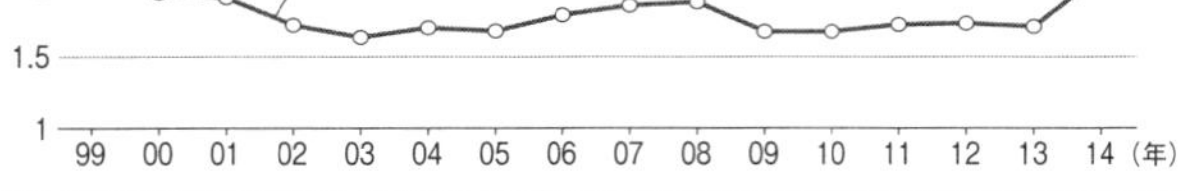

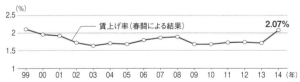

(備考)1. 連合公表資料により作成。2014年は、連合「2014春季生活闘争第8回(最終)回答集計」(2014年7月1日集計)によるもの。 2. 2014年の集計日(7月1日)に最も近い各年の集計日のデータで比較している。 3. 各年において、集計対象組合が異なることに留意する必要がある。

加えて、消費税の増税分は制度上、すべて社会保障に充てられ、国民に還元される。
社会保障の充実は国民の信頼感を向上させ、消費を拡大させる効果をもたらす。

出典:「アベノミクス:更なる改革の断行」(2014年10月)より

民主党政権でさえ、このブラックボックスの部分に手をつけなかった。

それに対して、安倍政権はここに果敢に切り込もうとしている。「労使交渉に任せます」と静観するのではなく、政労使の協議や財界への要請を通じて積極的に賃上げを求めています。つまり、意識的にトリクルダウンを起こそうとしているのです。

こういう観点から言えば、給料が伸びるという点について、第二次安倍内閣はこれまでの政権との比較という点で少しは期待が持てると思います。実際、アベノミクスの成果を見ると、賃上げを実現した企業割合は高くなっています（図7-1）。

また、保守政権には珍しく、二つの成長戦略の両方で「最低賃金の引き上げ」を掲げています。大企業だけではなく中小企業でも給料を上げようとしているわけです。ただ、ねちっこく文書を解読すると「最低賃金の引き上げに努める」と、あくまで努力するとしか言っていませんが、それでも成長戦略に記述されていることには大きな意味があります。

内部留保を解放しない限り、実質賃金は更に低下する

ただし、給料を引き上げることについては一定の限界もあるとは思います。なぜなら、企業の内部留保に手をつけない限り、継続的な賃上げは実現しないからです。内部留保をどう扱うかについては賛否両論ありますが、平成25年5月24日の参議院予算委員会で、安倍首相は復興

法人税の廃止に関連して、税の廃止で浮いた分がすべて内部留保に回ると意味がないと答弁していますので、問題意識は持っていると思います。

ただし、現実には無理でしょう。企業に対する怨嗟の目が相当強くならない限り、内部留保に手をつけるのは難しいと思います。実際に、国民や世論はそこまで求めていません。例えば、内部留保に課税すればよいではないか……と主張する人もいますが、日本ではこの案が支持される気配はありません。

なお、歴史的に見ると、内部留保に課税するという考え方が支持された時代もありました。アメリカのニューディール期には留保利潤税が導入されようとしていたからです。結果的には、産業界が猛反発したり、経済状況の変化などもあって上手くいかなかったのですが、大不況期でなおかつ左派的な政権であれば、この部分にまで手を突っ込む可能性があるということです。この経緯については、諸富徹氏の『私たちはなぜ税金を納めるのか』(新潮選書)に詳しく書かれています。

もう一つ懸念すべきことは、実質賃金が増えるか否か、です。昨年末の総選挙でも話題になりましたが、賃金には名目賃金と実質賃金という2種類があります。名目賃金とは、所得を金額で表した賃金です。それに対して、実質賃金とは物価を考慮した賃金ということです。

確かに、安倍内閣になってからは企業が賃上げに踏み切ったこともあって、名目賃金は上がっているのですが、消費増税や円安で輸入物価が上がったこともあって、実質賃金は低下しています。安倍内閣や経済政策のブレーンがどこまで計算していたかは定かではありませんが、賃金よりも物価の上昇が上回っているのです。異次元の金融緩和の影響というのは、やはり人間の頭ではそれほど簡単に計測できないということです。

アベノミクスでは物価と賃金が連動して上がっていくことで好循環を導き出すのがシナリオだったはずですが、現実は理論通りにいっていないということです。実質賃金をどう増やしていくのかについて、今後はきちんと注目していく必要があるでしょう。

特に時間です。「間もなく好循環が始まります」「間もなく企業から個人にトリクルダウンします」と言われても、何年も我慢強く待てるわけではありません。実質賃金が伸びるまでにどれくらいの時間を要するかが、今後の安倍政権の経済政策を占う一つの鍵になるでしょう。

ちなみに、国民の多くは3〜4年程度は黙って見つめていると思います。そんなに簡単に不況を抜け出せるとは誰も思っていないからです。実際、昨年末の総選挙で自民党は圧勝しましたが、最大の勝因は「安倍政権が発足してまだ2年だから、もうちょっと様子を見るか」という国民の本音だったと思います。

第一次成長戦略に掲げられている事項から読み解く安倍内閣の方向性

次に、労働市場がどうなるのかを見てみます。安倍内閣の方向性は非常にはっきりしています。それは終身雇用に支えられた内部労働市場から、転職が活発に行われる外部労働市場への転換です。

一昨年に作られた最初の成長戦略である「日本再興戦略」（平成25年6月14日）では、成長するための三つのアクションプランが示されていますが、その一つとして「雇用制度改革・人材力の強化」が掲げられています。

政府文書は様々な力関係が働く中ででき上がっていますが、柱立てや構成は非常に重要です。なぜなら、政府文書の柱をどうするか、何を優先的に掲載するかで政府内はもめるからです。理由は、どこの役所・業界団体も自分達が関係する政策を打ち出したいからです。それによって予算という巨大な金も動きます。このような力学の中で政府文書は作成されるため、政府文書に書き込まれているということは非常に重要度が高いということを意味するわけです。つまり、安倍内閣が雇用を特別視していることが十分読み取れるということです。

それでは、わざわざ成長戦略として書き込んだ項目として何が書かれているのか？「雇用制度改革・人材力の強化」と題された項目の中で8項目取り上げられているのですが、注目すべきは「失業なき労働移動の実現」「民間人材ビジネスの活用によるマッチング機能の強化」「多様な働き方の実現」という三つが入っていることです。政府文書において「多様な」というのは非常に微妙な言葉です。何となく選択肢が多くてポジティブな印象を与える言葉ですが、多様な働き方とは正社員以外の働き方を指しますので、非正社員化を進めるとも読めるわけです。

それはさておき、上記で掲げた五つの着眼点の続きを述べましょう。まずは労働市場からです。最初の成長戦略で書かれていることを見ると、

①これまでの雇用維持型の政策から労働移動支援型の政策に転換すること
②民間人材ビジネスの活用によるマッチング機能を強化すること

この二つが方針と読めます。この2項目に沿って具体的な政策を実施していこうというのです。

それに対して、成長戦略の改訂版では「外部労働市場の活性化による失業なき労働移動の実現」を掲げていて、そのための項目としては、

①ジョブカードの見直し
②能力評価制度の見直し
③キャリア・コンサルティングの体制整備
④官民協働による外部労働市場のマッチング機能の強化
⑤産業界のニーズに合った職業訓練のベストミックスの推進

この五つが柱として提示されています。これらの項目を総括して述べれば、政府は終身雇用中心の内部労働市場から、もっと活発に転職が行われるような外部労働市場へと転換していきたいという姿勢がありありと読めます。

具体的な政策としてあがっているものの中で、読者諸氏の生活に最も影響を及ぼす可能性があるのは、雇用調整助成金から労働移動支援助成金への転換です。「雇用調整助成金」とは、景気の変動で経営が苦しくなり、仕方なく従業員を休業させたりする会社に支払われる補助金のことです。その目的は失業の防止です。

どんなに慈悲深い会社や経営者でも、業績が悪化して苦しくなれば従業員を解雇したくなります。それを抑止するために、従業員を休業させた場合に会社が支払う休業手当の一部を補助するというものです。リーマンショックによる金融危機でこの助成金を受ける企業が激増したように、この助成金は不況期になると活躍して有名になります。

厚労省関連文書などに基づいて雇用調整助成金絡みの政策の歴史を少しだけ解説しておきますと、雇用調整助成金をはじめとした失業予防に重点が置かれ出したのは、昭和40年代後半〜50年代後半にかけて二度の石油危機があり、失業者が100万人を超えた時代です。その後は、1985年のプラザ合意後の急激な円高による「円高不況」の影響で、造船、鉄鋼業等の製造業を中心に企業の雇用過剰感が高まり、配置転換、出向、一時帰休、さらに解雇が行われ、1987年4月に完全失業率は3％に達し、完全失業者も200万人弱に増加した時にも、雇用調整助成金は活躍しています。これらの不況業種に対して、政府は雇用調整助成金の助成内容を拡大することによって、失業の予防に力を入れました。

雇用調整助成金は、企業に無理矢理雇用を抱え込ませる諸悪の根源のように批判されることがあります。また、雇用調整助成金のために労働移動がスムーズに進まないという非難もあります。が、これはあくまで一時的な措置です。慢性的にこの補助金が使われ続けることはありません。実際、不況期が過ぎれば、補助金額は激減します。

成長戦略はそれを明確化したと言えます。アベノミクスで景気が持ち直したこともあって、今後は雇用調整助成金に過度に依存しないことを明確化したわけです。その一方で、わざわざ助成金を使って労働移動を促すと書いてあります。ここは要注意点です。

リストラと労働市場と受け皿産業

まず、労働移動を促すという文言が経済界の強い意向を受けて書かれたものだとすれば、リストラが促進される可能性があります。労働移動あるいは転職しやすい労働市場というと、いかにも格好良いように聞こえますが、労働者を会社から追い出しやすくするというニュアンスが明らかにあるということです。そもそもクビになりやすい、辞めやすいという状況にならないと、誰も労働移動なんてしないでしょう。「リストラしやすい労働市場」とは誰も言いませんが、ニアリーイコールですので、労働者には明らかにマイナスです。傍観していないで注意深く見守る必要があります。

第二次安倍内閣では、マスコミや労働界の反発もあって消えましたが、現在の解雇規制は厳しすぎるという要望と必ずセットになって出てきます。解雇規制の緩和は完全に消えていないということです。

注意点の二つ目は、労働移動の大前提は受け皿産業が必要不可欠だということです。高度経済成長期には労働移動を促す政策が採用されましたが、それは受け皿産業があったからです。農業よりも高い給料を支払える製造業がどんどん労働者を吸収したのです。翻って、今の日本にそんな高賃金の受け皿産業は存在するでしょうか？

おそらく製造業からサービス業（特に医療や介護）に移動していくと思いますが、先述したように医師などを除いて医療や介護産業の給料は高くありません。こういう状況で労働移動しても労働条件は切り下がるだけです。どういう意図で政府が労働移動を書き込んだのかわかりませんが、有望な受け皿産業がないまま労働移動を促すのはあまりにも無責任でしょう。

おそらく、政府も本気で労働移動を促して外部労働市場を作る気など毛頭ないと思います。首相自身の思いはわかりませんが、厚労省の役人であれば、労働市場は人工的に作れないことなど理解しています。

例えば、助成金程度で労働移動を促すのは絶対に無理です。厚労省の職業安定局は雇用関連の様々な助成金を扱っています。その目的は、一人でも多くの人を企業に雇ってもらうことです。しかし、残念ながら助成金はそれほど使われていません。私自身、この種の助成金を担当したことがありますが、どうやって使ってもらうかで苦慮した経験があります。

経営者が助成金を申請しないのは、使い勝手の悪さや申請の面倒くささもありますが、助成金の効果は短期的なものだからです。助成金を受け取っても経営自体が良くなるわけではない。「少し我慢すれば何とかなる」という見込みがなければ、経営者は助成金を申請しません。雇用維持であれ労働移動であれ、経営者は助成金程度では動かないということです。

また、労働市場の性格は日々のビジネスや労務管理から自然にでき上がっていくものです。

終身雇用や内部労働市場にしても、それが最も合理的で効率的だからこそ根づいてきたのです。人工的に流動的な労働市場に変えられるものではありません。

これらのことを総合すると、労働市場の性質については過度の恐れや期待は抱かない方が賢明だというのが、私の結論です。搾取されずに生き残るためには終身雇用のメリットを十分利用しながら、万が一のリストラに備えて人脈形成などあらゆる手段をとっておくということが最大の戦略です。抽象的と思われるかもしれませんが、日本の曖昧模糊とした労働市場では、これが最善の策です。

政府の労働市場流動化政策で期待できる部分があるとすると、少しでも職種別の労働市場の範囲が拡大するかどうかです。医師や薬剤師など職業別の労働市場の場合には、先述したように、職務や能力、求められる資格がはっきりしていますので、経営者に対してひれ伏す必要もありません。

労働時間についての考え方を巡る攻防

五つの項目の中で、最も変化する現実味があるのが労働時間制度です。本書が繰り返し述べてきたように、サービス残業などは資本家の搾取そのものです。安倍内閣で論点となるのはホワイトカラーエグゼンプションと呼ばれる制度の導入です。安倍首相は第一次安倍内閣の時にもこの制度を導入しようとして反対された経緯があります。

ホワイトカラーエグゼンプションとは、一定の条件を満たす人を労働時間の規制からエグゼンプション（除外）するということです。今現在、管理職などは労働基準法の適用がないため、一日8時間・一週40時間の労働時間の規制がありません。ホワイトカラーエグゼンプション制度とは、管理職以外にも労働時間の規制をはずす対象を広げようということです。例えば、これまでは残業代がすべて支払われていた30歳くらいの係長に適用された場合、彼がいくらオフィスに残っていても残業代は支給されないということです。

保守的な厚生労働省はこういう制度には従来から消極的です。なぜならサービス残業の蔓延につながりかねないからです。にもかかわらず、こういう制度が打ち出されているのは、安倍首相や財界が積極的だからです。報道などから考えて、首相・財界が厚労省を押し切って、この制度の導入の可否が論じられているわけです。

議論の経緯を辿ってみると、この制度が財界の強い意向を受けて推し進められようとしていることがわかります。それは、議論の最初の舞台が産業競争力会議だからです。

産業競争力会議には楽天の三木谷浩史氏、東芝の副会長である佐々木則夫氏など経済界の関係者が名を連ねています。ここを基点にして議論を進めようとしたわけですが、様々な反発を買って妥協を余儀なくされてきたという経緯があります。その結果、２０１４年5月28日の競争力会議では妥協案のようなものが提出されています。それは企業の各部門の中核・専門的な人材や将来の管理職候補を制度の対象にするというもので、本人の同意を前提としています。その一方で、一般事務や小売店などの販売職、入社間もない若手社員は見直しの対象外としています。

具体的には、金融関連ビジネスのコンサルタントや資金運用担当者などです。また、管理職一歩手前の副課長級以上を想定しており、1000万円以上といった年収要件をはずしています。

これに対し厚労省も、この日の競争力会議で一部容認に方針転換して妥協するのですが、為替ディーラー、資産運用担当者、経済アナリストなど「世界レベルで通用するような人材」に範囲を限定し、企業の中核部門で働く社員等は裁量労働制の拡充で対応する考えを示しました(以上の経緯については各社報道、産業競争力会議提出資料の他、特にJ-Castニュース(2014.6.4)を参照して記述しています)。

これら両者の力がぶつかった結果、一昨年の成長戦略でアバウトにしか記述されていなかったホワイトカラーエグゼンプションについて、昨年の6月の改訂版の成長戦略では具体的に記述されています。少し長いですが、文言をそのまま記述します。

「時間ではなく成果で評価される働き方を希望する働き手のニーズに応えるため、一定の年収要件（例えば少なくとも年収1000万円以上）を満たし、職務の範囲が明確で高度な職業能力を有する労働者を対象として、健康確保や仕事と生活の調和を図りつつ、労働時間の長さと賃金のリンクを切り離した『新たな労働時間制度』を創設することとし、労働政策審議会で検討し、結論を得た上で、次期通常国会を目途に所要の法的措置を講ずる」

政府の場合にはリアルな分析ができると述べましたが、この成長戦略の文章を見れば、多くの情報を得ることができます。

まず、一定の年収要件・職業については週40時間労働の枠をはずすことが一つ目です。つまり、徒にホワイトカラーエグゼンプションが適用される範囲を拡大することはないということです。

二つ目は、労働政策審議会で議論して決めるということです。先述したように、産業競争力会議は財界の牙城です。それに対して、労働政策審議会は厚労省の審議会です。ここは学識者・労使の三者構成です。財界が主導することはできません。常に労使が激論を交わすような審議会となっていて、結論が出ないことさえあります。そのため、ここに議論の場を移せば、ものすごく妥協した案しか出てこないことは確実です。

この二つを総合して言うと、労働時間ではなく成果で評価される労働者の範囲は広がりますが、首相・首相官邸・内閣府・厚労省・労使という各アクターの力関係や利害調整から、無茶なことにはならないということです。また、第二次安部内閣はリアリズムが徹底している側面もあるため、内政に関してはそこまで強引に進めるとは考えられません。おそらく、無難なところで線引きがなされると思います。

多様な正社員制度の実現に向けて

最後の項目は、正社員や派遣労働など働き方はどうなるのか、についてです。今後、論点となるのは「多様な正社員制度」の在り方についてです。これまで正社員以外にも派遣労働や契約社員など非正社員の多様化は実現されてきました。今度はいよいよ正社員の多様化にステージが移ったというわけです。

どういうことかと言うと、正社員にもフルタイムで働く人、フルタイムは言うまでもなく全国移動や海外赴任まで全面的に会社に尽くす幹部候補生もいれば、勤務地限定など働き方が限定されている正社員もいていいじゃないか、ということです。こういう考え方が出てくる背景には、今の正社員制度の持つ様々な矛盾点があります。

働く側から言えば、正社員として採用されてしまうと、家庭生活も子育てもすべてを犠牲にして会社に尽くす働き方が求められます。正社員という地位を獲得することで生活は安定するものの、過労死寸前の働き方をさせられて不満を持っている人はたくさんいます。特に、子育てや家庭生活との両立を求められる女性はそうです。出世は頭打ちでもいいから勤務地が限定されている方が望ましいと思っている人はたくさんいるはずです。

一方で、資本家にしても今の正社員制度は使いにくいところがあります。それは解雇規制が厳しいからです。とにかく正社員として採用してしまうと、社会保険料の負担は言うまでもなく、解雇規制があるために簡単にクビを切れないので負担は重い。そのため、「港区の○○店が閉鎖されれば解雇される」というように、勤務地限定の正社員制度は願ったり叶ったりです。

このように双方ともに正社員制度の多様化には乗り気だと思われます。しかしながら、この課題も労働市場の性格と同様に、それほど簡単に実現できるとは考えられません。実際、成長戦略の書きぶりを見ると、まだまだ多様な正社員制度は本格的に始まるような雰囲気ではありません。

例えば、改訂版では「勤務地を絞った『地域限定正社員』など、『多様な正社員』導入の動きが現れ始めている。さらに、プロフェッショナルなキャリアを追求する働き手のニーズに応えるため、職務を限定した正社員の導入・普及が期待される。……」と記述されているのですが、まだまだ理想的なモデルケースの発掘や普及啓発レベルを目指すに止まった書きぶりになっています。成長戦略の書きぶりが曖昧にならざるを得ないのは、それだけ多様な正社員制度の構築が難しいからです。労働条件をどうするのか、解雇規制の在り方はどうなるのかなど、これから議論すべき点がたくさんあります。

現代社会の抱える「多様な働き方」という問題

ポイントとして三つあげます。一つ目は、同一労働同一賃金が実現できるかです。正社員と非正社員では仕事内容が類似していても、ボーナスの有無を含めて大きな差があります。これと同じ枠組みを正社員制度に持ち込んだ場合、制度が普及するのは難しくなるでしょう。誰でも処遇や賃金は気になるからです。

二つ目は、勤務地限定の正社員からグローバル化対応の正社員への変更を含めて、正社員間の交流が実現できるかどうかです。これは非正社員についても言えます。仕事の実績ややる気次第で、身分が上手く転換できる交流状態が実現しなければ、いつまでも社内に違和感が残ってしまいます。その一方で、社内の身分に交流性が出てくるようになれば、多様な正社員制度も生き生きしてくると思います。

三つ目は、先述したように「多様な働き方」というのは、経営側にとっては非常に便利な言葉だという点です。多様な働き方というと美しく聞こえますが、コストのかかる正社員を減らして、勤務地限定正社員や非正社員に切り替えていきたいという思惑が見えます。

図7-2-1　現在の就業形態についた理由別労働者割合
（正社員・出向社員を除く）（3つまでの複数回答）

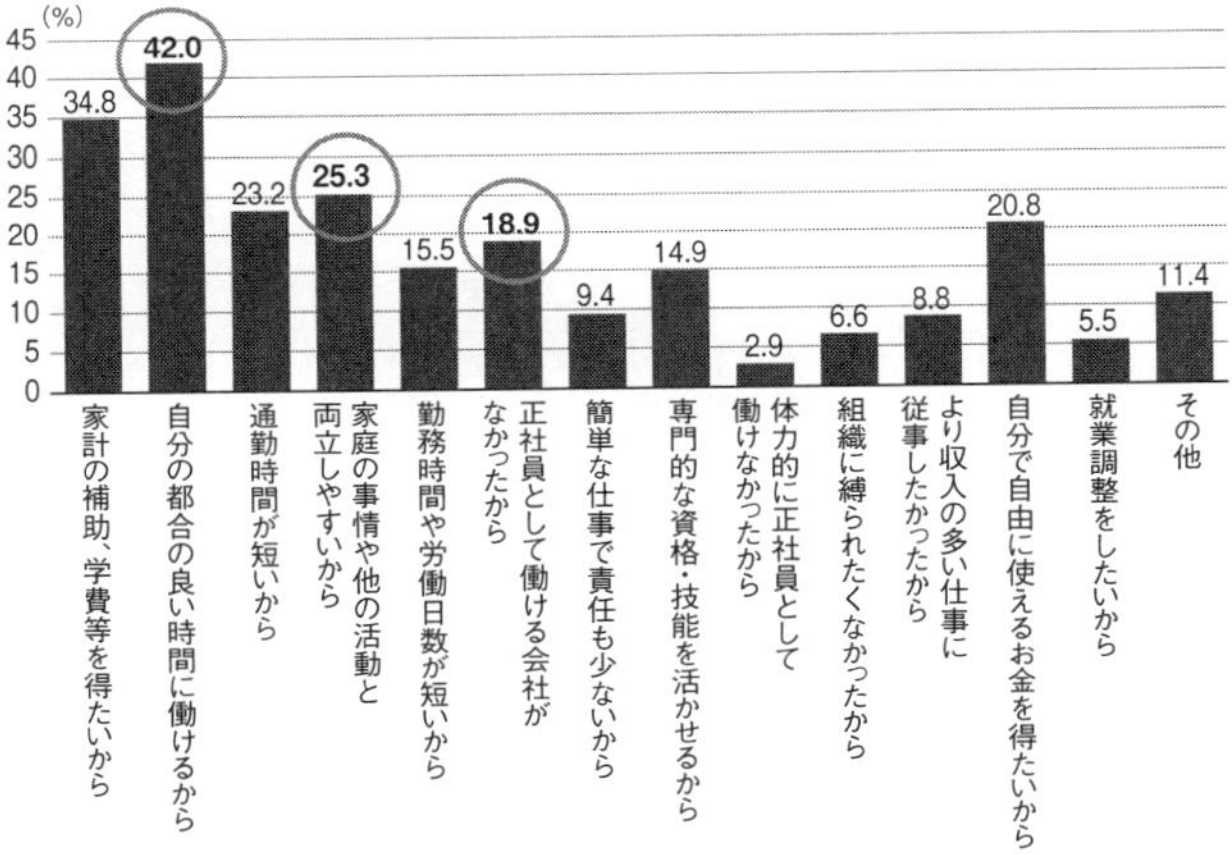

（資料）厚生労働省大臣官房統計情報部「就業形態の多様化に関する総合実態調査」（2007年）

出典：「厚生労働白書」（平成21年版）

図7-2-2　現在の就業形態別、今後正社員になりたい労働者の割合

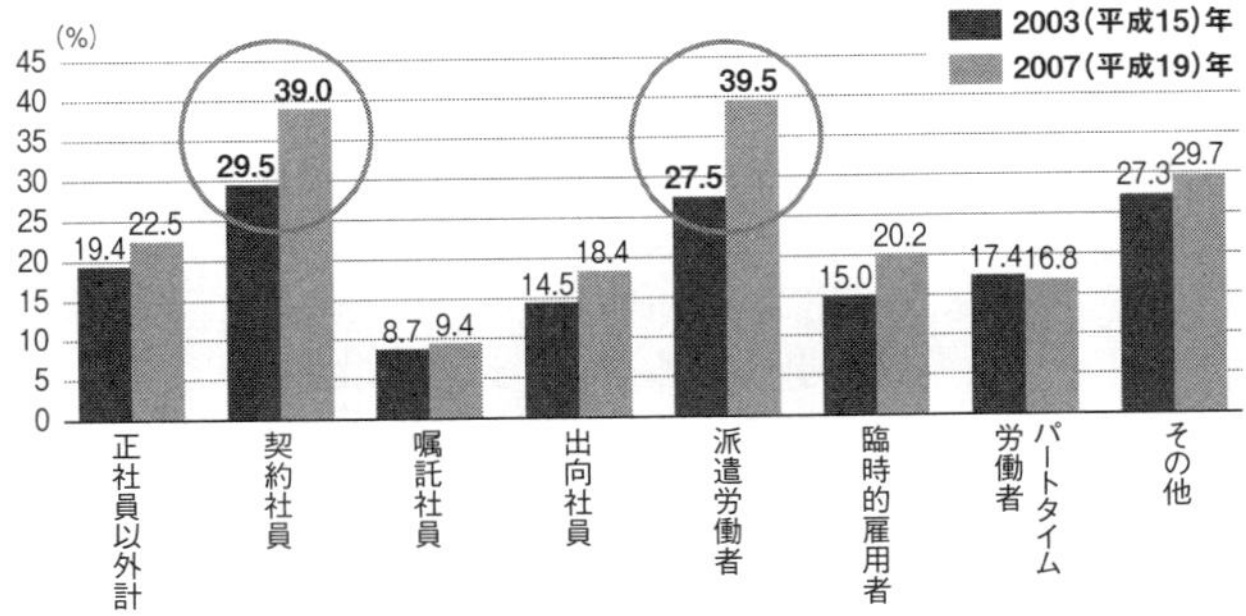

（資料）厚生労働省大臣官房統計情報部「就業形態の多様化に関する総合実態調査」より政策評価官室作成。

出典：「厚生労働白書」（平成21年版）

図7-2-1、7-2-2を見てください。非正規労働を余儀なくされた人の割合を見たものです。自ら自由な働き方をしたくて派遣などの非正規労働を選ぶ人はいいのですが、問題は正社員になりたいにもかかわらず、非正社員を余儀なくされる人が多数存在するということです。こういうものも「多様な働き方」という美しい言葉の裏で消されていくわけです。

多様性というのは、経済状況や景気次第で、ものすごく残酷なものに変化するということ。もちろん、幸せな多様性の実現の可能性もあります。勤務地限定で子育て・家庭生活・親の介護・地域生活を優先しながら生き生きと働く。しかも、給料も含めて処遇も相応に保障されている。

こういう状況が実現するかどうかは、今後、労働力がどれくらい不足するかに依存します。これから確実に人口は減少していきますので、労働力も不足することになります。そうなると、企業よりも労働者の方が交渉力が強くなる。そう考えると、多様な正社員制度は労働者に有利になる可能性もあるということです。

第八章 防衛としてのサバイバルシステムの構築

現代資本主義の矛盾と何かにつけて曖昧模糊としている日本

現代資本主義の矛盾は三つです。もはや利潤をもたらす分野がなくなって慢性的な低成長に陥っていること、成長せずパイが縮小しているために資本家による労働者に対する露骨な搾取が蔓延っていること、そういう状況の中で富を蓄積する者と何も持たない者に二極分化する格差社会になっていることです。

アメリカであれ日本であれ、多少の濃淡の違いはあるにせよ、先進国はすべてこの資本主義の三つの矛盾に苦しんでいます。特に日本の資本主義は、格差がわかりやすい形で拡大していくアメリカなどに比べて厄介な面があります。

この三つの矛盾を持っていることは確実であるにもかかわらず、国民の多くはそれに気づいていないからです。実際、日本の資本主義は低成長を乗り越えるために、規制緩和や成長戦略を通じて国家自らが身を切り売りしているにもかかわらず、国民の多くは「公的部門はサービスが悪い」という観点からしか物事を見ない傾向があります。

また、大企業でさえ終身雇用を保障しないようになりつつあるにもかかわらず、サービス残業という搾取が増えています。しかも、労働者の多くはかつての終身雇用の意識のままでサービス残業を受け入れています。

さらに言えば、格差がジワリジワリと拡大しているにもかかわらず、格差拡大を食い止めようという運動は活発化していませんし、そういう世論が盛り上がっているわけでもありません。

日本人はなぜ資本主義の矛盾に鈍感なのか？　いくつか理由をあげましょう。

①一億総中流の日本は平等社会であるという幻想が依然として根強く残っている
②機会均等で格差は固定化していないという思いが強い
③超富裕層などの勝ち組は非常に稀である一方で、資産1億円の富裕層の高齢者は多い
④常に勝ち組と負け組、資本家と労働者は立場が入れ替わってきた

などが主な理由と考えられます。今日は労働者としてこき使われても、明日は社長として誰かをこき使うことができるような逆転社会だったということです。その名残がまだまだ強いという思いもあって、資本主義の矛盾は覆い隠されているということです。しかし、現実には格差の固定化は着実に進んでおり、もはや逆転不可能になりつつありますし、搾取はより露骨な形になっています。

そこで改めて、第八章では、自分自身を守るためには何をすればいいのかという処方箋を示すとともに、日本の資本主義はどうなっていくのかについて未来予測をしてみようと思います。

自分を守るための処方箋について

大きな矛盾を抱えた資本主義社会を逞しく生き抜くために、我々は何をすればいいのでしょうか？　まず、個人としてできることには限界があることを素直に認めることから始めましょう。私も含めて多くの人はどうやって働く場所を得るか、どうやって自分の生活を守っていくか、どうやって稼ぎを増やすかを考えています。

ビジネス書の多くは、こんなビジネスマンの要望に応えて様々なサバイバル手段を提示しています。しかし、本書が分析してきたように、現在の日本のような状況では「この能力があれば食える」「この資格があればどこでも再就職できる」などということはありません。会計だ、簿記だ、英語だといくら勉強したところで、個人的な防衛術には限界があります。

個人レベルの防衛術に力がない最大の理由は、日本の労働市場の性格にあります。先述したように、日本の労働市場は終身雇用を中核にした内部労働市場です。そのため、流動性が低く転職するのが容易ではありません。また、転職が活発化していないこともあって、職務や仕事の中味もはっきりしていません。

職種別労働市場が確立している欧米諸国では、仕事の範囲・職務・求められる能力や資格・処遇などがはっきりしています。そのため、転職するために何をやればいいのかも明確です。それに対して、日本では大部屋で集団で仕事をします。そのため、各個人の職務分担も明確ではありません。こういう雇用慣行では転職が容易にならないのは当たり前です。いくら東大を卒業して一流企業のエリート社員だったとしても、一旦リストラされてマーケットに放り出されればタダの人になってしまうのです。

こういった労働市場では、とにかく会社にしがみつくというのがベストです。会計や簿記や英語よりもむしろゴマすり力の方が重要です。洞察力を日々磨いて上司に徹底的にゴマをすり、会社から追い出されないようにすることが最も強いサバイバル手段です。

しかし、こんな個人的な努力を繰り返していても、永遠に苦境から抜け出すことはできません。どこかに不安の気持ちは必ず残ります。個人的な自衛手段をいくら研ぎ澄ましても無理があります。

自分を守りたいのであれば、個人でのサバイバル手段を探るだけでなく、働く人がみんなで力を合わせてサバイバルシステムを構築した方がはるかに効果的だというのが、私が言いたいことです。

そのために最も重要なことは、企業との関係をまず見直すことです。企業が終身雇用で従業員を守らないということであれば、従業員は粉骨砕身して働く必要はない。家族状況を無視した転勤命令、心身を痛めるような長時間残業などに正社員が耐えてきたのは、企業が終身雇用を維持してきたからです。長期雇用の保障と引き換えに、日本人は企業の無茶な要求に従ってきたのです。

しかし、昨今は無茶な要求をしながら社員を使い捨てにするブラック企業が出現するようになりました。日立製作所が年功序列を見直すように、大企業もいつまでも終身雇用を保障するとは限りません。そうであれば、これまでのように企業に依存する働き方は見直した方がいい。

まず、年功序列賃金のように「後で受け取る」という発想は捨てましょう。若い時にがんばった分を中高年になってから受け取るという考え方は甘すぎます。企業はもはや終身雇用を絶対に維持することはありません。最悪の場合、企業は給与が安い若手時代にこき使って、人件費が高くなる中高年になるとリストラする可能性が十分あります。こういう現状を考えると、若い時から生産性や働きに見合った取り分をもらうという発想に変えるべきです。

また、就社意識から就職意識に切り替えることが大事です。大企業と言えども安泰ではない。そうであれば、会社で専門能力や仕事のスキルを身につけるという発想が不可欠です。いくら未熟な転職市場だとはいっても、万が一リストラされた時、転職市場が未熟であろうがなかろうが、自力で再就職しなければならない。

そうであるならば、会社に利用されるのではなく、むしろ利用するくらいの気持ちでスキルを身につけるように努力すべきです。

私達が身を守る上で一番重要なこととは何か

一億総中流でチャンスが平等に開かれていた日本では、誰もが資本家にも労働者にもなれますし、会社中心の労使協調ですから立場がはっきりしません。

確かに日本は階級社会ではありませんし、まだまだチャンスがある社会であることは否定しません。そのため、「労働者は労働者らしくせよ！」とまでは言い切りません。しかし、もはや格差は固定化しつつあるのです。労働者は自分の立場を踏まえて、会社の経営や経営者の立場に立つことなく、自分の利益を徹底的に追求すべきです。

そのために最も重要なことは労働組合の復活です。ただし、会社の利益ばかりを考える企業別労働組合や労働貴族ではありません。企業規模に関係なく労働者全体の利益を考える産業別労働組合です。産業別労働組合を基盤にして、会社の横暴に対してはストライキも辞さないくらいの姿勢で臨むべきなのです。労働者は会社の存続ではなく、自分の利益を求めるというシンプルな哲学で臨むことです。

二つ目は、職業能力団体を作ることです。日本では職業という意識が希薄です。職種別労働市場がないため、医師や弁護士など業務独占資格のある職業以外は、誰でも容易に自分の職を替えます。建設会社の社員が万が一に備えて介護士の資格を取るというのが典型です。

しかし、自分の利益を守りたいのであれば、自分の職業にこだわるべきです。会社意識が希薄になれば、それだけ職業意識にこだわらないと自分を支えるものがなくなってしまうからです。そのため、職業能力団体を積極的に作っていくべきです。医師会や歯科医師会や弁護士会だけでなく、もっと幅広い職業団体を作っていくべきでしょう。

三つ目は、企業に対して、労働者の立場から是々非々で臨むということを徹底するためには、手厚いセイフティーネットを構築することが不可欠だということです。

企業が終身雇用を保障せず、労働者や労組が企業に敵対的な行動をとる場合、リストラで失業する人が増える可能性があります。その際、労働市場の流動性が低ければ、失業期間が長期化する恐れもあります。そういうことを避けるためにも、例えば、雇用保険の受給期間を2年間にするなど、現役世代のセイフティーネットを手厚くする必要があると思います。

日本の資本主義の未来予測

最後に、これから日本の資本主義はどういう方向に向かって進んでいくのか、労働者はどういう状況に置かれるのかを予想しようと思います。暗い話が多かったので、やや楽観的に明るい未来を描くことで本書を閉じたいと思います。

今後何十年後のことになるのか断言することは難しいのですが、日本の未来は明るいと思います。バブル経済崩壊後の20年間が暗かった一方で、同時期に日本はめげることなく努力してきました。その努力が一気に花開くような予感がするのです。

その根拠として、ここでは、

①人手不足になって労働者に有利な状況になる
②転職市場が活発化して会社に従属しなくてもよくなる
③高い給料がもらえる先端産業が出現する

この三つを取り上げようと思います。アベノミクスで景気が回復したこともあって、人手不足が目立ってきました。今現在は、建設や医療・介護の現場での人手不足が深刻化していますが、これからは全分野で人手不足が深刻化します。

理由は単純です。元々、日本は人手不足だったからです。これから2050年にかけて人口は20%近く減ります。2050年には9700万人台（現在は1億2000万人）にまで減ると予想されているのです。そのため、人手不足になることはある程度予想できたことなのです。

ただ、あまりにも景気が悪かったので人手不足が顕在化しなかっただけです。しかし、今後は景気情勢にかかわりなく、人手不足が深刻化します。なぜなら、絶対数が足りないからです。

そのため、日本人というだけで貴重な人材になる可能性が高く、正社員になれる可能性は言うまでもなく、高い給料をもらえる可能性が高くなるのです。

例えば、中東の金持ち国では、石油で大儲けするわりには人口が極端に少ないので、国民は大した仕事もせずに高い給料をもらう一方で、大変な仕事は外国人労働者にやらせています。もしかしたら、日本人もそのようなリッチな国民になれる可能性があるということです。

次に、転職市場ですが、これまでは転職は労働者に不利だと言われてきました。日本は年功序列賃金です。勤続年数が給料の大きな基準になります。そのため、転職すると給料が下がるのが普通でした。しかし、「労働経済白書」(平成18年版)の分析などから判断すると転職しても給料が減らない人が増えています。

人手不足になると、どこの企業も人材を引き抜こうとします。そういう状況の中で、転職で給料が下がらないとなると、転職する人が増えます。こうなると、会社に従属して生きる必要もありません。社畜の身分から解放される日がやってくるのです。

三つ目は、iPS細胞などの医療分野、ロボットなど高度製造業など、日本の先端産業が一気に花開く可能性があることです。日本ではTOYOTAに続くリーディングインダストリー(日本全体を引っ張る産業)が現れないことに苦労してきましたが、いよいよ、新しい先端産業が本格的に出現する可能性があります。

先端産業は稼ぎが良いだけに、そこで働く社員の給料も高くなります。そうなると、日本全体にも波及していきます。この効果はものすごいものがあります。例えば、現在の日本では製造業がリストラを進めていて、クビになった人はサービス業や介護などに流れるパターンが続いていますが、これらは給料の安い業界です。そのため、日本人全体の給料が下がってしまっていたわけです。

この三つの要因から、これからの日本はそんなに暗くないと思います。しかし、暗くないからといって、企業や資本家にベッタリになってはいけません。資本主義の本質はいつの時代も不変で、労働者は奪われやすい存在なのです。それだけはきちんと肝に銘じるべきです。

２０１５年　１月　中野雅至

著者略歴

中野雅至《なかのまさし》

一九六四年奈良県大和郡山市生まれ。
同志社大学文学部英文学科卒業後、九〇年旧労働省入省。
厚生労働省大臣官房国際課課長補佐(ＩＬＯ条約担当)等を経て、
二〇〇四年から兵庫県立大学大学院・応用情報科学研究科准教授、
一〇年から教授、一四年から神戸学院大学現代社会学部教授。
経済学博士。『雇用危機をどう乗り越えるか』(ソフトバンク新書)、
『ニッポンの規制と雇用 働き方を選べない国』(光文社新書)など著書多数。

幻冬舎新書 370

日本資本主義の正体

二〇一五年一月三十日 第一刷発行

著者 中野雅至
発行人 見城 徹
編集人 志儀保博
発行所 株式会社 幻冬舎
〒一五一-〇〇五一 東京都渋谷区千駄ヶ谷四-九-七
電話 〇三-五四一一-六二一一(編集)
〇三-五四一一-六二二二(営業)
振替 〇〇一二〇-八-七六七六四三
ブックデザイン 鈴木成一デザイン室
印刷・製本所 株式会社 光邦

Printed in Japan ISBN978-4-344-98371-7 C0295
な-19-1
幻冬舎ホームページアドレス http://www.gentosha.co.jp/
*この本に関するご意見・ご感想をメールでお寄せいただく場合は、comment@gentosha.co.jp まで。

幻冬舎新書

宮本太郎+BSフジ・プライムニュース編
弱者99%社会
日本復興のための生活保障

生活保護者数205万人、完全失業者数334万人……これらは「格差限界社会」の序章に過ぎず、もはや一刻の猶予も許されない。社会保障改革へ、有識者達による緊急提言。

藤井厳喜
アングラマネー
タックスヘイブンから見た世界経済入門

租税回避地や影の銀行を使った、脱税や裏ビジネスの金をアングラマネーと呼ぶ。いま中央銀行やIMFも制御不能の闇資金の還流が世界経済を揺るがしている。その仕組みと各国最新事情を解説。

原田曜平
ヤンキー経済
消費の主役・新保守層の正体

若者の消費離れが叫ばれる中、旺盛な消費意欲を示すのがマイルドヤンキー層だ。「スポーツカーより仲間と乗れるミニバンが最高」など、これからの日本経済を担う彼らの消費動向がわかる一冊。

安達誠司
ユーロの正体
通貨がわかれば、世界が読める

ユーロ破綻は不可避ともいわれているが、「ギリシャは離脱しないし、ユーロも解体しない」と著者。ドイツをはじめとする欧州はデフレ突入、ユーロ高になる可能性もわかる、経済予測の書。